펭귄이 날개로 날 수 있다면

펭귄이 날개로 날 수 있다면

03
지식
+
진로

최형선 지음

생존의 기술부터 놀라운 진화까지 날개로 읽는 생물학

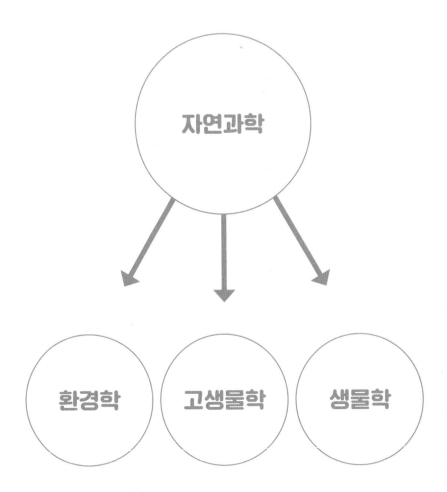

비교형태학

생태학

조류학

진화생물학

곤충학

계통분류학

동물사회학

들어가며

동물에게는 저마다 생존 전략이 있다. 오늘날 지구상에 존재하는 모든 생물은 먼 옛날부터 지금까지 각자 환경에 맞는 특별한 능력을 키워 약육강식의 논리가 지배하는 치열한 자연에서 살아남을 수 있었다. 그중에서도 날개는 생물이 진화한 과정과 생존한 전략을 이해하기에 무척 흥미로운 주제다. 이 책은 조류, 파충류, 포유류, 어류 등 날개가 있는 생물들이 어떻게 자연에 적응했는지 살펴본다.

날개에서 가장 먼저 연상할 수 있는 것은 물론 비행 능력이다. 하지만 생태계에서 날개는 하늘을 나는 데만 쓰이는 것이 아니다. 생물들은 의사소통, 신체 보호, 위장 등 다양한 용도로 날개를 활용해 왔다. 예를 들어, 딱정벌레는 날개를 몸을 보호하는 방패처럼 이용한다. 귀뚜라미는 날개를 서로 비벼 마찰음을 내서 짝을 유혹하거나 다른 수컷을 쫓아낸다. 《펭귄이 날개로 날 수 있다면》에는 이러한 날개의 놀랍고 다채로운 면모들이 담겨 있다.

날지 못하는 대신 다른 능력을 발달시킨 동물도 많다. 예를 들어 펭귄은 다른 새들과 확연히 차별화되는 생존 전략을 취했다. 펭귄의 날개는 비행할 수는 없지만 물살을 힘차게 가르는 지느러미발 구실을 한다. 다른 새들에게는 없는 특별한 능력이다. 여기에 넓은 어깨뼈와 아주 강한 근육을 갖추어 깊은 바닷속을 자유롭고 빠르게 누빌 수 있다. 타조도 날 수 없는 새지만 시속 70킬로미터까지 빠르게 달릴 수 있는 달리기의 왕이다. 타조의 날개는 빠른 달리기 속도를 조절하는 기능을 한다. 급하게 멈출 때 브레이크 역할을 하거나 몸을 지그재그로 움직일 때 균형을 잡아 준다. 이외에도 생물들의 다양한 생존 방식과 개성 넘치는 면모를 이 책에 담아냈다.

비행하는 새들도 하늘을 나는 방식이 제각각이다. 뼈의 구조, 근육, 날개의 모양, 깃털의 모양, 그리고 깃털의 색깔까지도 하늘을 나는 동작에 중요한 영향을 준다. 이 책에서는 생물들이 날개를 이용해 어떻게 중력과 항력을 극복하는지 구체적으로 서술했다. 가파른 절벽이나 산등성이, 커다란 파도는 언뜻 하늘을 나는 새들을 위협할 것 같지만, 새들은 이런 자연환경을 역으로 이용해 더 높이 하늘로 솟아오르기도 한다. 생물들이 어떻게 각종 장애물을 극복해 자신의 한계를 뛰어넘는지 살펴보는 것도 이 책을 읽는 또 다른 재미가 될 것이다.

날개가 없는 인간에게 하늘을 나는 능력은 늘 동경의 대상이었다. 점차 과학기술을 발달시킨 인류는 생물들의 날개에서 아이디어를 얻어 여러 발명품을 만들어 냈다. 비행기는 새들이 하늘을 나는 원리에 착안해 만든 획기적인 발명품이다. 글라이더는 날개를 퍼덕이지 않고 편 채로 먼 거리를 잘 활공하는 새들의 날개를 모방해서 만들었다. 곤충이 날갯짓하는 방식도 앞으로 다양한 최첨단 비행 물체를 개발하는 데 활용될 전망이다. 이 책을 통해 물체가 하늘을 나는 원리를 공기역학적인 측면에서 하나하나

살펴보면 날개가 얼마나 경이로운 진화의 산물인지 실감할 수 있을 것이다.

살아남기 위한 진화의 여정과 생명이 번성해온 역사는 오랜 시간 동안 여러 학자들의 노력으로 밝혀졌다. 이 책에서는 생물과 생태계를 연구하는 다양한 직업을 소개했다. 생태학자, 곤충 연구원 등 학계에 종사하는 직업은 물론 자연사박물관 큐레이터처럼 대중을 상대로 생물학 지식을 활용하는 일까지 폭넓게 다루었다.

이 책이 다양한 동식물에 관심이 많고 관련한 진로를 꿈꾸는 독자에게 생생한 영감을 줄 수 있기를 바란다. 힘찬 날갯짓으로 하늘을 나는 새처럼 자유로이 꿈을 펼치는 계기가 되길 바란다.

차례

2장 인간이 꿈꿔 온 새의 날개

3장 하늘을 난 최초의 생물, 곤충의 날개

4장 얕보면 안 되는 포유류의 날개

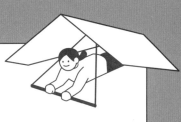

1장

날개는
어떻게 하늘을
가로지를까?

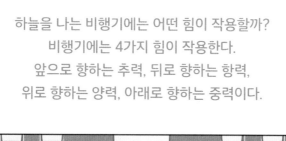

하늘을 나는 비행기에는 어떤 힘이 작용할까?
비행기에는 4가지 힘이 작용한다.
앞으로 향하는 추력, 뒤로 향하는 항력,
위로 향하는 양력, 아래로 향하는 중력이다.

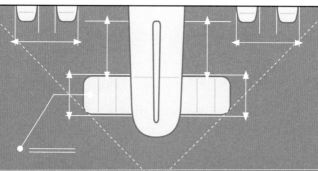

비행기는 어떻게 하늘을 날까?

'뛰는 놈 위에 나는 놈'이라는 속담이 있다. 그만큼 날지 못하는 인간에게 하늘을 나는 능력은 부러움과 동경의 대상이다. 우리는 하늘을 자유롭게 가로지르는 새들을 문득 부러워하기도 한다. 하늘을 나는 것은 인간에게 늘 호기심의 영역이었다. 그래서 인간은 아주 오래전부터 날아다니는 꿈을 꾸어 왔다. 6세기 무렵부터 페르시아에서 전해지며 '아라비안나이트'라고도 불리는 설화집《천일야화》에는 어디든 데려다주는 마법 양탄자가 나온다. 월트 디즈니의 만화영화 <알라딘>에서 마법 양탄자는 주인공이 타고 다니는 교통수단으로 등장한다. 또 <오즈의 마법사>에는 빗자루를 타고 다니는 마녀가 나오고, 영국 작가 조앤 K. 롤링의 판타지 소설《해리 포터》에서는 날아다니는 빗자루가 운송 수단으로 등장할 뿐만 아니라 인기 스포츠인 '퀴디치'의 도구로 쓰인다. 그 밖에도 다양한 설화와 문학 작품에 날아다니는 상상의 인물이나 물체가 나온다.

그러나 우리가 아무리 상상의 날개를 펼친다고 해도, 현실에는 한계가 있다. 아무리 점프한다 한들 다시 아래로 떨어진다. 지구와 우리 몸 사이에 힘이 작용하기 때문이다. 이 힘은 무엇일까? 지구상의 모든 물체에는 지구 중심으로부터 끌어당기는 힘, 즉 중력이 작용한다. 그래서 모든 물체가 지구 중심을 향해 아래로 떨어지는 것이다.

뉴턴의 운동 제1법칙인 관성의 법칙에 의해 우리는 정지한 상태로 앉아 있을 수 있다. 우리가 바닥에 놓인 담요 위에 앉아 있다면, 담요와 우리 몸은 지구의 중력뿐 아

> **뉴턴의 운동 제1법칙**
>
> 모든 물체는 외부로부터 힘이 작용하지 않는 한 정지해 있던 물체는 계속 정지 상태로 있고, 움직이던 물체는 계속 일직선 위를 똑같은 속도로 운동한다는 법칙.

니라 반대 방향의 힘인 수직항력을 받는다. 이때 중력과 수직항력의 크기는 같아서 힘이 평형을 이룬다. 그러면 두 힘의 합력은 0이 된다. 그래서 다른 힘이 작용하지 않는 한 우리는 계속 가만히 앉아 있을 수 있다.

그렇다면 하늘을 날기 위해서는 어떻게 해야 할까? 하늘을 나는 비행기에는 어떤 힘이 작용할까? 비행기에는 4가지 힘이 작

용한다. 앞으로 향하는 추력, 뒤로 향하는 항력, 위로 향하는 양력, 아래로 향하는 중력이다. 비행기가 아무리 무겁고 크더라도 추력이 항력보다 크고 양력이 중력보다 크다면 힘차게 하늘로 오르고 앞으로 나아갈 수 있다. 지금부터 4가지 힘을 하나씩 살펴보자.

나아가는 힘인 추력과 저항하는 힘인 항력

추력은 비행기가 나아가는 힘이다. 비행기 엔진은 추력을 만들어 공기를 밀어낸다. 비행기는 앞으로 움직이면서 공기의 저항을 받는데, 이 저항력이 항력이다. 즉 항력은 비행기가 앞으로 향하는 힘에 반대 방향으로 작용하는 힘이다.

낙하산을 만들어 실험해 보면 중력에 대한 항력을 느낄 수 있다. 낙하산의 면적을 넓힐수록 항력이 커져서 내려가는 속도가 느려진다. 일상에서 항력을 직접 느낄 수 있는 더 간단한 방법이 있다. 비 오는 날 우산을 앞으로 기울이면 바람에 대한 항력을 느낄 수 있다. 바람이 강할 때 커다란 우산을 들고 빠르게 뛴다면 항력을 더 크게 느낄 수 있다.

비행기도 마찬가지다. 비행 속도가 빨라지면 항력이 커진다. 비행기 뒤쪽에 소용돌이가 생기면 항력이 더 급격히 커진다. 비행기를 유선형으로 만드는 것은 이 항력을 줄이고 추력을 높이기 위해서다.

비행기의 제트엔진은 앞쪽의 공기를 빨아들여 태운다. 이 공기는 엔진 밖으로 나와 비행기를 밀어낸다.

비행기의 제트엔진은 앞쪽의 공기를 빨아들여 압축하고 그 공기를 연료로 태운다. 그러면 공기의 부피가 엄청나게 커진다. 부피가 커진 공기는 엔진 밖으로 나와 비

행기를 밀어내며 앞으로 움직이는 힘이 된다. 이는 뉴턴의 운동 제3법칙인 작용·반작용 법칙에 따른 원리다. 작용·반작용 법칙이란 작용하는 모든 힘에는 똑같은 힘이 반대 방향으로 작용한다는 원리다.

그런데 중력을 거스르려면 엔진의 추진력만으로는 부족하다. 엔진의 힘으로 이륙한 다음 날개를 통해 물체를 밀어 올리는 공기를 이용할 수 있어야 한다. 이때 필요한 힘이 양력이다.

비행기를 들어 올리는 힘, 양력

비행기가 하늘을 날기 위해서는 중력을 거슬러야 하는데, 그러기 위해서는 날개가 양력을 받아야 한다. 비행기나 헬리콥터의 프로펠러에 사용되는 날개의 원리는 에어포일airfoil로 자세히 이해할 수 있다. 에어포일이란 양력을 최대한 높이고 항력을 최대한 낮추기 위해 만든 유선형의 날개 단면을 말한다. 에어포일이 빠른 속도로 공기를 통과하면 공기 중에 강한 힘이 만들어진다. 이

힘이 양력이다. 양력은 날개를 위로 밀어 공중에 떠 있도록 한다. 즉 양력은 날개 모양에 의해 흐름이 바뀐 공기의 반작용으로 생기는 힘이다. 글라이더처럼 편평한 날개도 물체를 띄우기는 한다. 그러나 날개 윗면이 아랫면보다 더 볼록하면 그 효과가 더 크고, 날개가 위쪽을 향해 앞이 들려 있다면 상승효과가 크다.

비행기가 양력을 얻어 떠오른 다음에는 땅에 떨어지지 않도록 적당한 힘이 필요하다. 너무 느리면 양력을 제대로 유지하지 못해서 추락할 수 있기 때문이다.

헬리콥터는 양력을 만드는 원리가 다르다. 헬리콥터는 프로펠러를 돌려 날개에 양력을 만들기 때문에 앞으로 나아가지 않고도 위로 뜰 수 있다. 헬리콥터는 엔진의 힘으로 선풍기처럼 날개를 돌린다. 회전하는 날개는 공기를 아래로 밀어내면서 반작용으로 양력을 만들어 낸다. 이때 날개는 앞쪽으로 기울어져 있어 아래로 향하는 공기의 흐름이 뒤쪽으로 기울어진다. 그래서 앞으로 날 수 있는 추진력이 생긴다. 추진력의 세기는 날개의 회전 속도나 휜 정도를 달리해서 조절할 수 있다.

양력은 날개 모양에도 영향을 받는다. 날개 면적이 넓으면 양력도 커진다. 무거운 것을 운반하는 수송기나 대규모의 승객을 태우는 여객기는 많은 양력이 필요하기 때문에 날개의 면적이 넓다. 그런데 빠르게 날아야 하는 전투기는 날개 면적이 좁아 빨리 방향을 전환할 수 있다.

비행의 핵심, 받음각

양력의 크기는 비행 속도와 날개의 모양뿐 아니라, 물체의 운동 방향에 반대로 작용하는 바람인 상대풍relative wind에 따라서도 달라진다. 이때 날개 단면의 맨 앞쪽과 맨 뒤쪽을 연결한 선이 상대풍과 이루는 각도를 '받음각'이라 한다. 날개가 바람을 받아 내는 각도라는 뜻이다. 받음각은 비행기의 기울어진 각도가 바뀌면 변한다. 그러면 비행기에 작용하는 양력도 변하는데, 받음각이 커지면 양력도 커진다. 새나 항공기가 방향을 바꿀 때 몸통을 그 방향으로 기울이는 것은 양력을 조절하기 위해서다.

또한 하늘을 나는 비행기의 날개를 보면 앞면이 비행기가 날아가는 방향보다 약간 위로 들려 있다. 이는 받음각을 키우기 위해서다. 공기의 흐름은 날개의 표면과 부딪히면 조금씩 아래쪽으로 내려가면서 세기도 변한다. 그러면 비행기에 가속도가 붙는다.

보통 받음각이 15~20도일 때 양력이 가장 높다. 받음각이 너무 작으면 비행기는 양력을 제대로 얻지 못해 날아오르기 어렵다. 반대로 받음각이 일정 크기를 넘어서면 항력이 너무 커져서 양력이 떨어진다. 받음각이 너무 크면 비행기가 추락할 수 있어서 적절히 조절해야 한다. 비행기는 상대풍에 대해 적절한 받음각을 유지해야 원하는 높이로 날아오를 수 있다.

날개를 따라 흐르는 공기는 뉴턴의 운동 제2법칙의 영향을 받아 흐름이 달라진다. 날개의 아랫면을 따라 흐르면서 방향이 아래쪽으로 바뀌고, 가속도가 생기면서 아래로 누르는 힘이 된다. 그러면 작용·반작용의 법칙에 따라 그 반작용으로 날개를 위쪽으로 밀어 올리는 힘으로 작용한다.

날개 윗면도 공기의 흐름이 아래쪽으로 가속되면서 반작용에 의해 역시 위쪽으로 힘을 받는다. 날개의 윗면과 아랫면을 따라 흐르는 유체는 모두 날개를 위쪽으로 들어 올리는 힘인 양력이 된다. 이 양력은 유체의 흐름에 수직 방향으로 작용한다.

베르누이의 원리로 이해하는 양력

양력은 물이나 공기 같은 유체의 속도가 압력에 반비례한다는 '베르누이의 원리'로 설명할 수 있다. 유체에 아무런 에너지가 더해지지 않으면 에너지의 합이 일정하다는 베르누이의 원리에 따르면, 압력과 속도 사이에 직접적인 수학적인 관계가 성립한다. 유체의 속도가 빨라지면 압력이 줄어들고 속도가 느려지면 압력은 커진다.

비행기 날개 상승을 위한 양력이 생기려면 반드시 공기의 압력이 불균형해야 한다. 그 이유는 무엇일까? 평소 물체는 모든 방향에서 일정한 압력을 받는다. 그런데 한쪽 방향의 압력이 커지거나 작아지면 압력이 작은 쪽으로 밀리는 힘을 받는다. 그래서 물체는 압력이 큰 쪽에서 낮은 쪽으로 이동하게 된다. 이를 비행기에 적용해 보면, 비행기의 위쪽 공기의 압력이 아래쪽보다 작아야 뜨는 힘이 생긴다.

따라서 양력은 비행 속도가 빨라질수록 커진다고 이해할 수 있다. 정확하게는 비행 속도의 제곱에 비례한다. 그러므로 비행기가 빨리 날면 양력도 커져서 안정적으로 떠오를 수 있다. 그래서 비행기가 이륙 직전까지 빠른 속도로 활주로를 달리는 것이다. 따라서 엔진의 추진력은 양력을 만드는 데 중요하다. 반면 비행기가 속도를 늦춰 천천히 날면 양력이 줄어들어 서서히 착륙할 수 있다.

정리하자면, 하늘을 날아가는 비행기는 양력, 중력, 추력, 항력, 이 4가지 힘의 합력이 0이 되는 힘의 평형 상태를 유지한다. 그러면 일정한 속도로 하늘을 날아갈 수 있다. 움직이는 비행기에는 운동 상태를 지속하려는 관성이 작용하기에 가속·상승·하강하려면 이 4가지 힘을 조절해야 한다.

전투기나 제트기는 후진하거나 제자리 돌기를 하지 못하는데, 그 이유는 모두 제트엔진 뒤쪽으로 고압가스와 엔진을 뿜어내면서 추진력을 얻기 때문이다. 그래서 조금씩 앞으로 나가면서 크게 원을 그리며 돌 수밖에 없다.

열기구와 부력

비행기와 헬리콥터가 양력을 이용해서 하늘을 난다면 열기구는 어떤 원리로 공중에 뜰까? 이를 이해하려면 부력을 알아야 한다.

물이나 공기 등의 유체에 잠긴 물체가 유체보다 밀도가 낮아 가볍다면 중력과 반대 방향인 위쪽으로 뜨는 힘을 유체로부터 받게 된다. 이 힘을 부력이라 한다.

부력을 이용해서 공중에 뜨는 원리는 물 위에 배가 뜨는 원리와 같다. 열기구는 공기 주머니의 아랫부분을 불꽃으로 쏘아 공기를 데운다. 그러면 공기가 팽창해 밀도가 낮아지면서 부력이 생긴다. 열기구는 바로 이 부력을 이용해 하늘로 날아오른다. 공기보다 가벼운 헬륨이나 수소가스의 부력을 이용해서 하늘로 오르고 내려올 때는 가스를 방출시키는 열기구도 있다.

이런 열기구를 하늘에 띄운 건 놀랍게도 2,000년도 더 된 일이다. 기원전 3세기의 중국 한나라에서는 축일에 열기구를 띄웠다고 한다. 그런데 기구의 문제는 부력에 의해 하늘로 뜬 다음 원하는 방향으로 갈 수 있는 전환 장치가 없다는 것이다. 그래서 풍선처럼 바람이 부는 방향으로 흘러 다닌다. 방향을 조절할 수 있는 풍선 기구인 비행선은 19세기에 등장했다.

새들에게 배우는 비행의 핵심 기술

사실 비행기는 새가 나는 원리를 분석하고 모방한 발명품이다. 그래서 새들이 활공하는 모습을 보면 비행기와 닮은 점이 많다. 비행기처럼 공기역학적인 힘으로 상승하고 전진하면서 공중에 뜬 상태를 유지한다. 새의 몸과 움직임을 하나하나 살펴보면 마법 같은 비행의 원리를 이해할 수 있다. 새의 날갯짓에는 어떤 비밀이 숨어 있는 걸까?

새도 비행기처럼 중력을 거슬러 날개가 상승하는 힘을 받도록 받음각을 높여 날갯짓을 한다. 양력을 이용해 방향을 잡아 날아간다. 앞서 설명했듯 양력은 반드시 물체나 유체 중의 하나가 움직여야 생기고, 유체가 흐르는 방향에 수직으로 작용한다. 새는 당연히 공기보다 훨씬 더 무겁지만, 높은 압력에서 낮은 압력으

햇빛을 받은 지면에서 가열되어 위로 올라가는 공기를 뜻한다. 뜨거운 공기가 차가운 공기보다 밀도가 낮고 가벼워서 생기는 현상이다.

로 흘러가는 유체의 흐름을 이용해서 하늘을 난다.

새는 부력도 잘 이용한다. 앞서 말한 것처럼 부력은 공기의 밀도에 차이가 생겨 나타나는 힘인데, 매는 이 힘을 이용해서 쉽게 하늘로 오른다. 지표면이 뜨거워지면서 생기는 상승기류를 타고 솟아오른다. 많은 철새도 마찬가지다. 하늘이 맑고 상승기류가 강한 날은 철새가 이주하기 적합한 날이다. 하늘 높이 올라서 날아가기 쉽기 때문이다.

새의 뼈에는 구멍이 뚫려 있다고?

하늘을 나는 활동에는 많은 에너지가 필요하다. 그래서 새의 날개는 비행 효율을 높이도록 진화했다. 우선 새의 몸은 공기 저항을 극복하는 데 도움이 되도록 유선형이며 꼬리뼈처럼 불필요한 뼈는 퇴화되어 없어졌다. 초기의 새에게는 이빨과 턱이 있었지만 점차 가벼운 부리로 진화했다. 이렇게 에너지 소모를 줄인 새들이 자연에서 잘 살아남았다.

특히 새의 뼈는 비어 있는 공간이 많고 공기로 차 있다. 이는 무게를 줄여서 더욱 효율적으로 날기 위해서다. 뼈에 구멍이 많다면 쉽게 약해지거나 부러지는 것은 아닐까? 뼈에 빈 공간이 많다고 해서 골다공증 같은 질병을 앓는 것은 전혀 아니다. 골다공

증은 뼈를 형성하는 무기질과 기질의 양이 줄고 강도가 약해져서 부러지기 쉬워지는 질병이다. 새의 뼈는 얇지만 내부가 벌집 모양으로 되어 있어 속이 비어도 단단하다. 포유동물의 뼈는 대조적으로 두껍고 속은 골수로 차 있다.

　새의 모든 뼈가 똑같이 가벼운 것은 아니다. 새의 뼈 중에서는 다리뼈가 가장 무거워서 무게중심이 몸의 아래쪽에 위치하게 해 준다. 몸을 지탱하기 위해서이기도 하지만 무게중심이 아래에 있으면 안정적으로 나는 데도 도움이 되기 때문이다.

힘찬 날갯짓의 원동력, 가슴근육

새가 날기 위해서는 무엇이 가장 중요할까? 날개 뼈, 날개의 크기, 깃털 모두 중요하지만 무엇보다도 가슴근육이 발달해야 한다. 새들은 가슴근육의 힘으로 날개를 강하게 아래로 내려치는 날갯짓을 한다. 가슴근육은 새의 근육 중에서 가장 크고 강한 근육으로, 몸무게의 15~25퍼센트에 달한다. 가슴근육은 날개를 아래로 내릴 때 주로 쓰이는데, 날개를 들어 올리는 데 쓰이는 근육까지 합치면 그 무게가 총 몸무게의 25~35퍼센트에 달한다. 가슴뼈는 커다란 형태로 비행을 위한 크고 강력한 근육이 붙기 좋다.

　어깨뼈를 가슴뼈와 연결시켜 주는 역할을 하는 쇄골은 사람의 몸에서는 목 밑에 수평으로 길게 드러나 있다. 그런데 새들의 쇄골은 V자형으로 가슴뼈와 연결되어 있다. V자 모양의 쇄골은 새의 양쪽 어깨와 연결되어 버팀목 역할을 한다. 그래서 고된 비행을 견딜 수 있도록 흉곽을 튼튼하게 해준다.

새의 양 어깨뼈에 연결된 쇄골에는 강한 힘줄이 들어 있는데, 이 힘줄은 날개를 움직이는 위팔뼈에 있는 근육과 연결되어 있다. 그래서 아래로 내리누르는 날갯짓을 하고 난 후 바로 날개를 들어 올릴 수 있다. 새들이 날갯짓을 하며 날개를 아래로 누르면 가슴이 압박을 받고, 위쪽 끝에 있는 쇄골이 벌어져 펼쳐지게 된다. 이 V자형 쇄골은 폭을 50퍼센트 정도까지 더 넓힐 수 있다. 날갯짓을 하는 동안 가슴에 붙은 쇄골이 스프링처럼 작용한다. 날개를 아래로 내려 당겨 누르면 쇄골은 벌어져 들어 올려진 후 딸깍하고 원래대로 되돌아온다. 이런 움직임이 가능한 것은 수축이 잘되는 근육 덕분이다.

아래로 내려간 날개를 다시 들어 올리는 근육은 가슴근육의 아래쪽에 있다. 이 근육이 수축하면 도르래처럼 날개가 들어 올려진다. 날개를 내릴 때 스프링처럼 늘어났다가 날개를 올리면 순간적으로 수축되는 구조다.

날지 못하는 새의 날개는 어떨까? 타조와 같은 주금류는 날개가 퇴화했다. 가슴뼈가 작고 가슴근육도 납작하지만 대신 튼튼한 다리로 잘 달리는 능력이 있다.

날개를 퍼덕이지 않고 쭉 날아가는 새들, 즉 활공하는 새들이나 날개를 좁은 폭으로 천천히 펄럭이는 새들은 몸 크기에 비해 가슴뼈 길이가 짧고 가슴판도 작다. 따라서 여기에 붙은 가슴근육 역시 짧다. 날기에 불리한 형태라고 생각할 수 있지만 적은 움직임으로 여유 있게 나는 새들에게는 충분하다. 길이는 짧다 해도 그 힘은 충분히 강력하기 때문이다.

하늘도 날고 잠수도 할 수 있는 바다오리나 가마우지 같은 새들은 몸에 비해 날개가 작다. 이런 새들은 작은 날개로 빠르게 날갯짓을 해야 해서 가슴판의 표면이 넓고 유선형이며 가슴뼈의 길이는 길다. 또한 가슴근육은 길이가 길뿐 아니라 잠수해서 힘 있게 물속을 헤엄칠 수 있도록 그 힘이 강력하다.

날개 뼈는 어떻게 생겼을까?

새의 날개는 다른 동물의 앞다리, 즉 사람의 팔에 속한다. 이 날개야말로 비행하는 능력의 핵심이다. 새의 날개 뼈는 어떻게 생겼을까?

날개는 크게 3가지의 팔뼈로 이루어져 있다. 기본 구조는 다른 척추동물과 비슷하다. 몸통에 가까운 위팔뼈에 팔뚝의 척골과 요골이 연결되어 있고, 여기에 손가락뼈가 붙어 있다. 다시 말하면 어깨에 붙은 위팔뼈와 아래팔뼈, 손가락뼈가 날개를 구성하고 있는 것이다. 팔뼈의 길이가 긴 새는 날개 길이가 긴 새로 천천히 여유 있게 날고, 팔 길이가 짧은 새는 날개를 빠르게 움직이긴 해도 그만큼 날갯짓에 노력이 많이 든다. 사람의 손에 해당하는 새

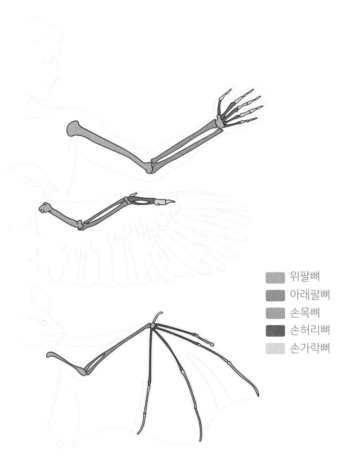

위팔뼈
아래팔뼈
손목뼈
손허리뼈
손가락뼈

▶ 사람의 팔뼈와 새, 박쥐의 날개 뼈 ◀

의 앞발은 사람의 손목뼈, 손허리뼈, 손가락뼈에 해당하는 3개의 뼈로 이루어져 날개의 모양을 만드는 중요한 역할을 한다.

날개 모양의 작은 차이가 나는 방법을 결정짓는다

날개 모양은 새의 비행 능력을 결정짓는 중요한 요소다. 속도를 내기 위한 날개, 에너지 사용을 줄이기 위한 날개, 날면서 조작이 가능한 날개는 다 각각 모양이 다르다. 중요한 변수는 2가지다. 첫 번째는 좌우 날개의 끝에서 끝까지의 길이를 뜻하는 날개 길이고, 두 번째는 새의 몸무게를 날개 면적으로 나눈 값인 날개 하중이다. 즉 날개 하중이란 날개 면적에 대한 몸무게의 비율을 뜻한다. 따라서 날개 하중이 작으면 날개가 몸에 비해 큰 새고, 날개 하중이 크면 날개가 작아 날갯짓에 에너지가 많이 들어가는 새다. 날개 하중이 너무 커지면 날개가 부담하는 무게가 너무 무거워져서 아예 날지 못하는 새가 되고 만다.

날개의 가로세로비가 클수록, 즉 날개의 길이가 길고 세로 폭이 좁으면 공기의 저항력을 줄여 장거리를 날기 좋다.

날개의 총 길이, 즉 한쪽 날개 끝에서 다른 쪽 날개 끝까지의 길이가 가장 긴 새는 앨버트로스다. 공식적인 기록이 3.63미터로, 현존하는 새 중에서 가장 길다.

타원형의 날개를 가진 새는 날개의 세로 길이에 비해 가로 길이가 짧다. 예를 들어 애완용으로 길러지고 있는 사랑앵무의 날개가 타원형이다. 타원형의 날개는 짧고 둥그렇게 생겼는데, 좁은 공간에서도 움직일 수 있어 밀림과 같이 빽빽하게 나무가 자라고 있는 곳에서 날아다니기 좋다. 이동하지 않고 텃새로 지내는 참새도 날개를 움직이기 좋은 타원형의 날개를 갖고 있다.

핑은 포식자를 피해 빠르게 이륙할 수 있는데 이는 세로 길이에 비해 가로 길이가 짧고 끝이 뾰족한 날개 덕분이다. 다만 날개에 비해 몸이 무거워서 빠르게 날려면 날갯짓을 빈번하게 해야 하기에 에너지 소비가 많다. 음속보다 빠른 비행기도 이와 유사한 모양으로 날개의 끝이 뾰족한 삼각형이다.

매와 대부분의 오리도 아주 빠르게 난다. 매는 새의 비행 속도 중에서 가장 빠른 속도 기록을 보유하고 있는데 무려 시속 380 킬로미터다. 바다쇠오리도 날개가 매와 비슷한데 목적이 다르다. 바다쇠오리의 날개는 바닷속으로 잠수하기 위한 것이다. 바늘꼬리칼새는 직선으로 가장 빠르게 나는데 시속 170킬로미터 기록의 소유자다.

날개 형태와 비행 능력의 차이

큰 날개를 가진 새는 날개 끝에서 발생하는 기류를 분산시키기 위해 날개깃이 갈라져 있는 경우가 많다. 독수리, 펠리컨, 황새는 날개 끝에 홈이 파여 있다. 그 덕에 날개 끝에서 생기는 공기의 소용돌이와 항력을 줄일 수 있는 큰 이득이 생기고, 날개 끝에서 아래로 흐르는 공기의 반작용으로 위로 향하는 힘을 받을 수 있다. 즉 위로 뜨는 힘인 양력을 높이는 날개 구조를 하고 있다.

반면에 앞서 살펴본 꿩처럼 상대적으로 짧은 날개로 빠른 비행을 하는 새는 날개가 삼각형처럼 끝이 뾰족하고 끝이 갈라지지 않은 새가 많다. 이런 날개를 가진 새는 항력을 많이 받아서 에너지 낭비가 많으므로 좁은 공간에서 빠른 움직임으로 비행하기 좋다.

긴꼬리제비갈매기는 몸에 비해 날개가 커서 비행 속도도 느리고 여유롭다. 북극제비갈매기는 날개가 더 커서 좀 더 느린 날갯짓으로 북극의 번식지와 남극의 여름 서식지를 오간다. 해오라기와 펠리컨도 몸무게에 비해 날개가 길어서 천천히 쉽게 나는 편이다.

자기 몸에 비해 날개 길이가 짧은 새들은 빨리 날기 위해서 에너지를 더 쓰면서 날개를 더 많이 펄럭거려야 한다. 현존하는 새 중에서 가장 몸집이 작은 벌새는 몸무게가 2그램에 길이가 5센티미터밖에 안 되는데, 아주 높은 빈도수로 날갯짓을 한다. 날개를 워낙 빨리 퍼덕이다 보니 사람들에게는 날갯짓하는 소리가 윙윙하는 소리로 들린다.

벌새는 몸집도 작은 데다, 몸집에 비해 날개까지 짧아서 공중을 맴돌면서 빠른 날갯짓을 한다. 벌새 중에서 몸집이 큰 새라 해도 1초에 12번이나 날갯짓을 하고, 가장 작은 벌새는 1초에 80번

긴꼬리제비갈매기는 몸무게에 비해 날개가 크지만 비행 속도는 느리고 여유롭다.

의 날갯짓을 한다. 벌새는 날갯짓으로 공중에 맴돌면서 흔들림 없이 안정적인 자세를 취할 수 있다. 만일 옆에서 바람이 많이 불면 날갯짓을 더 크게 하면서 안정을 취한다.

반면에 날개의 크기에 비해 몸이 가볍고 날개의 세로에 비해 가로 길이가 길어서 천천히 나는 제비갈매기와 쏙독새, 황조롱이는 공중에서 정지할 때 긴 날개를 사용한다. 급상승할 때나 활공할 때도 유리하다. 특히 바닷새들은 파도에 의해 생기는 기류 변화를 타고 급히 솟아오를 때 긴 날개를 이용한다. 이러한 날개는 바람을 잘 타고 다양한 고도에서 풍속 변화를 이용하기 좋다. 정리하자면 날개가 짧은 새는 이륙을 쉽게 하고, 날개가 긴 새는 이륙을 위해서 오래 날갯짓을 하거나 좀 더 상승기류를 잘 탄다.

바다에서 파도칠 때 상승기류를 탄다든지 낮은 속도로 비행하는 것은 바닷새들이 물고기를 잡으러 잠수하러 뛰어드는 데 중요하다. 가로 길이는 길면서 폭이 좁은 날개는 갈매기, 군함조와 같은 바닷새에게서 볼 수 있다. 상승기류를 타고 치솟아 오르는 것과 활공비행은 비교적 몸집이 크고 날개가 긴 새들에게서만 볼 수 있는 움직임이다.

새들이 비행하는 3가지 방식

앞서 날개 모양에 따라 날갯짓하는 방식이나 횟수가 달라지는 것을 살펴보았다. 정리하자면 새들이 비행하는 방식은 크게 3가지 형태가 있다. 이 방식들은 각각 날개의 움직임이 다르다. 날개를 고정하고 활공하는 방법과 날개를 상하로 펄럭이는 방법, 그리고 공중에서 정지하는 방법이다.

활공한다는 것은 에너지 소비를 줄이며 바람을 타는 비행 방법이다. 야생거위나 펠리컨은 착륙 전에 활공비행으로 착륙지에 접근한다. V자형 무리로 이동 중인 꼬마홍학이 활공하는 순간을 살펴보자. 공기역학적으로 상승하는 힘이 꼬마홍학의 무게와 같아서 특별한 추진력이 따로 사용되지 않는다. 이처럼 상승기류를 타고 활공하는 새는 대기 상태에 따라 에너지는 적게 소비하고 나는 효율을 극대화하기 위해 대기 상태에 절대적으로 의존한다.

반면 날개를 상하로 움직이면서 비행하는 방식은 스스로 상승기류를 만들어 낸다. 이때 양력과 앞으로 향하는 추진력은 항력에 반대로 작용하고 속도를 높인다. 이것은 새의 무게에 반대로 작용하는 양력을 증가시키는 효과가 되어 지속적으로 고도를 올릴 수 있다.

날개를 상하로 흔드는 것은 2가지 단계를 포함한다. 아래로 하는 날갯짓은 반작용으로 추진력이 된다. 위로 날갯짓을 하는 것도 아래로 하는 날갯짓만큼은 아니지만 약간의 추진력을 만들어 낸다. 새들은 펄럭이면서 지속적으로 받음각을 변화시키고 속도도 바꾼다.

작은 새들은 장거리를 비행할 때 종종 상하로 펄럭이는 움직임을 폭발적으로 하다가 몸 쪽으로 날개를 접는 일을 반복하는 기술을 선보인다. 이는 반동을 이용해 비행하는 것이라 말할 수 있다. 날개를 접었을 때 적은 양이지만 몸이 상승하는 힘을 받고, 공기역학적으로는 항력을 감소시켜서 에너지 낭비를 줄이고 효율성을 높인다.

공중 정지와 후진

여러 형태의 비행 방법 중에서도 공중에서 뜬 상태로 멈춰 있는 행위에는 많은 에너지가 들어간다. 가만히 공기 중을 통과하는 것이 아니라 헬리콥터처럼 날개를 펄럭이면서 양력을 얻기 때문이다. 그래서 몸집이 작은 새가 공중 정지를 더 잘한다. 붉은솔개와 물수리와 같은 몇몇 몸집이 큰 새도 짧은 시간 동안 공중에서 멈출 수 있다.

황조롱이, 제비갈매기, 심지어는 매도 공중에서 멈출 수 있다. 몇몇 새들은 맞바람을 맞으면서도 물 위나 지면 위에서 고정된 자세를 취한다. '공중 정지'라고 해서 정말 가만히 있기만 하는 것은 아니다. 전진하지 않는 상태로 날갯짓을 한다. 공중 정지를 잘하는 많은 새는 날개가 길어서 느린 속도로 나는 데 적합하다. 이런 새들은 날개의 세로에 비해 가로의 길이가 더 길다.

그러나 공중 정지하는 새의 날개 모양에 하나의 주된 예외가 있는데 이것이 벌새다. 벌새는 모든 새를 통틀어 가장 공중 정지를 잘한다. 벌새는 날개의 가로가 세로에 비해 짧은 편이기 때문에 공중 정지하는 다른 새들과는 달리 날개를 완전히 펼쳐서 날갯짓을 한다. 날개는 위아래로 날갯짓을 할 때 모두 상승기류를 만든다. 날갯짓이 그 어느 새보다 빠르다. 다른 새들은 이보다는 날갯짓 횟수가 많이 적다. 몸무게가 3그램밖에 안 나가는 붉은가슴벌새는 날개를 1초에 52번 움직이면서 공중에서 정지한다.

벌새는 후진도 잘한다. 벌새는 꽃꿀을 먹은 다음 뒤쪽으로 후진하면서 난다. 전진할 때와 후진할 때 거의 동일한 양의 에너지를 사용하지만 뒤로 날 때 더 꼿꼿한 자세를 취한다. 뒤로 날 때 아주 살짝 항력이 높아지긴 해도 느린 공기의 흐름에서는 무시할 만하다. 그래서 앞으로 날 때나 뒤로 날 때나 거의 같은 양의 산소를 소비하며 같은 양의 에너지를 쓴다고 밝혀져 있다.

이착륙의 요령

새들마다 이륙하고 착륙할 때 특징이 있다. 이륙하는 일은 가장 에너지가 많이 드는 일 중 하나에 속한다. 새의 몸무게를 날개 면적으로 나눈 날개 하중은 이륙할 때는 물론이고 착륙 속도를 결정하는 중요한 요소다. 특히 날개 하중이 큰 새들은 착륙할 때 충돌을 피하기 위해 각기 다른 방식으로 진화했다.

큰머리흰뺨오리는 물에서 이륙할 때 수면을 달린다. 이는 다른 오리들과는 다른 특색이다. 또한 물 위를 날 때는 낮게 날고, 육

큰머리흰뺨오리는 이륙할 때 수면을 달린다.

지 위를 날 때는 높게 나는 특성이 있다. 이는 상승할 수 있는 양력을 만들기 위해서다. 물 위를 달리며 내리누르는 공기가 물에 부딪혀 얻어지는 강한 반작용의 힘을 이용한다.

충분한 기류를 만들어 내기 위해 몸집이 작은 새는 단순하게 위로 향해 뛰지만, 몸집이 큰 새에게는 이 방법이 큰 도움이 되지 않는다. 몸집이 큰 새는 바람을 앞으로 맞으면서 이륙한다. 만일 할 수 있다면 높은 가지나 절벽에서 그대로 떨어지면서 공중으로 날기도 한다.

착륙하는 것도 날개에 비해 몸집이 크고 무거운 새일수록 어렵다. 날개에 비해 몸이 무겁다면 착륙을 부드럽게 하는 요령이 필요하다. 착륙에 앞서 빠르게 고도를 내리기 위해서 기러기 같은 몸집 큰 몇몇 새는 살랑살랑 몸을 흔든다. 지그재그로 내려오거나, 몸을 미끄러지듯 빠르게 양 옆으로 흔들며 살랑거린다. 그리고 잠깐 목과 머리를 정상 위치에서 180도 정도 틀면서 아래위를 바꿔 회전하기까지 하면서 하강 속도를 늦춘다. 이를 통해 바닥에 빠르게 충돌하는 걸 미리 막는다.

양력을 받아 상승하다가 방향을 바꿔 수직으로 지면을 향해 추락하다가도 또다시 빠르게 반전해서 평소의 날아가는 자세를 취하는 새들도 있다. 이렇게 기이한 움직임은 바닥으로 낙엽이 떨어지는 움직임과 닮았다. 이런 움직임은 공중의 포식자를 피하는 동작이기도 하고, 천천히 길게 멀찌감치 하강하는 걸 피하고 좀 더 빠르게 가까운 거리로 하강하는 방법이다. 노랑발도요, 흑꼬리도요, 댕기물떼새, 기러기, 검둥오리 등 오릿과 동물들은 이런 행동을 보인다.

독수리가 험한 절벽이나 높은 나뭇가지에 둥지를 만드는 건 다 이유가 있다. 이륙에 유리한 것은 물론이고, 몸집이 큰 만큼 착륙할 때 아래서 올라오는 상승기류를 이용해 충격을 덜기 위해서다. 물 위에 착륙하는 것은 더 단순하다. 몸집 큰 물새는 바람을 맞으면서 착륙하고 발을 브레이크처럼 미끄러지도록 사용해서 멈춘다.

기류를 타는 특별한 방법, 활공

활공은 따로 힘을 들이지 않고 자연적으로 상승하는 기류를 타는 비행 방법이다. 활공하는 동물은 낙하산을 타고 천천히 내려오듯이 단순히 하강 속도만 줄이는 것이 아니다. 공중에서 몸의 위치를 바꾸면서 공중에 머무는 시간을 늘린다. 무동력으로 신체를 이용해 공기역학적으로 뜨는 힘을 좀 더 오래 받는 방법을 활용한다.

새나 박쥐처럼 날개를 펄럭이며 비행하는 것은 근육의 힘을 이용해 공기역학적인 힘을 만들어 내는 동력 비행이다. 반면에 날다람쥐처럼 활공하는 것은 주변의 공기역학적인 힘을 타고 날아가는 무동력 비행이다.

무동력으로 공중에서 움직인다는 것은 중력의 힘으로 그대로 바닥으로 떨어지는 수가 있고, 낙하산을 타고 내려오듯이 중력에 저항하며 항력을 높여 수평에서 45도 각도보다 더 큰 각도로 천천히 내려오는 방법이 있다. 그러나 활공비행은 날개를 이용해 위로 상승하는 힘을 받아서 수평 방향에서 45도 보다 작은 각도로 서서히 먼 지점에 하강하게 된다. 조금이라도 더 수평 방향으로 움직이며 서서히 떨어지기 위해서 몸을 좀 더 유선형으로 만들어 항력을 줄이며 몸 동작을 조절한다.

그대로 자유낙하하는 것은 공기역학적인 힘을 사용하지 않기 때문에 중력에 의해 물체가 아래로 내려올수록 점점 속도가 빨라진다. 그러나 낙하산을 이용하여 내려오면 그래도 중력에 반대로 작용하는 공기역학적인 힘을 이용하게 된다. 표면적에 비례해서 항력이 생기기 때문에 이 힘이 중력에 반대되는 부분적인 힘이 되어서 하강하는 동물이 안전하게 착륙할 수 있다.

활공하는 동물에게는 위로 상승하는 힘인 양력이 중요한 역할을 하기 때문에 일단 위로 뛰어오르거나 키 큰 나무와 같은 높은 위치에 떨어지게 된다. 항력과 양력을 이용하기 때문에 낙하산처럼 낙하하는 동물보다 수평에서 덜 가파르게 활공하게 되어 좀 더 장거리를 이동할 수 있다.

활공으로 비행하는 것은 따로 추진력을 만들어 내는 게 아니라서 움직이는 범위와 지속성에는 한계가 있다. 공기역학적인 힘을 사용하는 것은 활공하는 궤도와 하강하는 각도를 조절하기 위해서다. 활공으로 비행하는 포유류는 몸의 여러 부분 사이에 막이 뻗어 연결된 구조로 되어 있는데 이를 비막이라고 부른다. 날개로 활용하는 박쥐의 비막에 비하면 효율성이 많이 떨어져서, 비막을 이용해서 스스로 날아올라 갈 능력은 없다.

빠르고 쉽게 먹이를 구하기 위해서나 포식자를 피하기 위해서, 활공으로 비행하는 일은 따로 에너지를 쓰지 않고 효율적으로 이동하는 수단이 된다. 바람을 타고 활공을 하는 것은 가장 단순한 비행 유형이다.

지역적으로 따져 보면, 열대나 아열대는 햇빛을 강하게 받는 곳이라 가열된 지면에서 상승하는 기류를 타기가 좋다. 절벽이나 높은 나무에서는 지면에서부터 상승기류를 타기가 수월한데, 열로 가열된 가벼운 공기가 상승하고, 불어오는 바람이 언덕이나 빽빽한 숲에 부딪히며 위로 상승하기 때문이다. 또한 차가운 공기와 따스한 공기가 서로 만나면서 만들어지는 상승기류를 타게 되면 활공하기가 편해진다.

맞바람을 맞으면서 비막의 각도를 위로 올리면 몸이 상승하고, 몸을 틀어 바람이 불어가는 방향으로 날아가면 빠르게 멀리 간다. 여기에 비행 기술까지 절묘하면 힘을 하나도 들이지 않고 상당한 거리를 날아갈 수 있다.

곤충은 어떻게 하늘을 날까?

곤충의 비행은 공기역학적인 측면에서 따져 보았을 때 매우 놀랍다. 곤충의 날개는 대개 매우 얇고 가볍다. 그런데 작은 날갯짓의 힘만으로 어떻게 몸을 띄우는 양력을 만들어 내는 걸까? 게다가 쉬고 있다가 재빠른 비행 모드로 전환하고 공중에서 정지할 수도 있다.

　곤충은 날개를 퍼덕이면서 날개 앞쪽 가장자리에 소용돌이 바람을 만든다. 이 소용돌이가 곤충을 띄우는 역할을 한다. 곤충의 날개 위쪽은 공기 소용돌이 때문에 공기 압력이 낮아져서 압력이 상대적으로 높은 아래쪽에서 위쪽으로 공기가 이동한다. 상승하는 공기를 타고 자연적으로 몸이 뜨는 것이다. 바로 위쪽으로 공기 압력을 낮추는 방법을 터득한 것이 곤충 날갯짓의 기본이다. 몸을 움직이면서 날갯짓의 진동으로 공기를 휘젓고 소용돌이 안에 공기 거품을 만들면서 난다.

곤충이 날갯짓하는 방식을 자세히 살펴보자. 먼저 몸체 위에서 양 날개를 서로 찰싹 붙였다가 던지듯 떨어뜨리면서 두 날개 사이를 홱 연다. 그러면 그 사이로 공기가 빨려 들어오고 각 날개 위로 소용돌이 바람이 만들어진다. 이렇게 튀어 오르는 소용돌이 바람은 날개를 가로질러 움직이고 날개를 또다시 위에서 부딪힐 때 소용돌이 바람도 다시 분다. 날개를 부딪히는 방법은 날개가 닳고 찢어질 수 있다는 단점이 있지만 소용돌이 바람을 만들어 내는 확실한 방법이다.

대부분의 곤충은 날개의 맨 앞쪽 끝부분에서 나선형으로 소용돌이 바람을 일으키는 방법을 사용하면서 바람을 순환시키고 손쉽게 양력을 증가시킨다. 많은 곤충은 날갯짓을 빨리하면서 전진하지 않고 맴돌면서도 양력뿐 아니라 안정감도 확보한다.

작은 곤충들은 날개에 찐득찐득한 점성이 있어서 작은 날개라도 상대적으로 큰 부피의 공기를 움직인다. 그래서 비행 효율이 좋고, 공중에서 정지 상태로 머물 수 있도록 상승 공기의 힘을 얻는다.

띠호박벌은 몸 크기에 비해 날개 크기나 날갯짓을 하는 횟수가 벌을 들어올릴 만큼의 양력을 만들지 못해서 수치로 계산해 보면 날 수 있을 만큼이 못 된다. 그럼에도 날 수 있다. 날개를 진동시키는 것만으로는 단순히 날 수가 없지만 날개의 점성을 활용해서 위쪽으로 강력한 소용돌이 바람을 만들어 내면서 공기흐름을 분리시킨다. 정상적으로 비행하는 것보다 양력을 몇 배는 더 올릴 수 있다.

새들과는 달리 곤충은 강한 바람에 휩쓸려 버릴 수 있지만 몸집이 큰 곤충 중에서 이동성이 있는 진디물은 약한 제트기류를 타고 장거리를 이동한다. 소수의 곤충 중에서는 앞으로 추진하는 힘을 사용하지 않은 채 활공하는 종류도 있다. 나무 위에 사는 개미 종류로, 활공하는 개미 등이 그렇다.

곤충은 저마다 날개의 모양과 특징이 뚜렷하고, 색깔과 패턴은 몸의 보호나 경계색으로 활용가치가 크다. 곤충의 날개는 곤충의 비행 유형에 관련되는 모양을 하고 있는데, 잘 날아가는 곤충일수록 날개가 길고 호리호리한 경향이 있다.

곤충의 날갯짓

박각시나방은 나방 중에서 가장 빠른 비행 속도를 자랑한다. 이 박각시나방의 앞날개는 크고 좁다란 데다 뾰족하고 뒷날개는 삼각형의 작은 날개여서 최신식 비행기처럼 빠른 날갯짓을 할 수 있는 형태다.

박각시나방의 비행 속도는 최고 기록이 시속 54킬로미터다. 초속으로 따지면 1초에 15미터를 날아가는 엄청난 비행 기록이

박각시나방은 나방 중에서도 가장 빠른 비행 속도를 자랑한다.

다. 이 기록은 다른 곤충의 최고 비행 속도에 버금가는데, 최고 기록의 소유자는 시속 56킬로미터 비행 기록의 잠자리다. 잠자리의 날개 또한 길고 크다. 날아다니는 곤충을 잡아먹어야 하는 탓에 남보다 빨라야 한다.

가장 빠른 곤충으로 알려진 잠자리는 지구상에서 가장 큰 아프리카 잠자리로, 양 날개를 폈을 때 길이가 12센티미터가 넘는다. 날개가 큰 만큼 비행 속도가 가장 빠르지만 1초 동안 날갯짓을 하는 횟수는 38번으로 적은 편이다.

곤충의 날갯짓은 종마다 특색이 있지만 같은 종에서도 때에 따라 날갯짓을 달리한다. 일반적으로 날갯짓의 빈도는 가슴에 붙은 날개 근육의 힘과 곤충의 무게에 대한 저항의 비율에 의존한다.

날개가 크고 몸이 가벼운 나비는 1초에 4~20번의 날갯짓을 하며 비행하는 데 반해, 날개가 작고 몸이 무거운 파리와 꿀벌은 1초에 100번도 넘는 날갯짓을 하고, 모기는 몸이 가벼워도 1초에 1,000번이 넘는 날갯짓을 할 수 있다. 비행 중인 곤충의 비행 속도를 계산해 내는 것은 일반적으로 어려운 일이긴 하지만 대부분의 곤충은 실험실에서 조절하는 속도보다도 빨리 날아갈 수 있다고 알려져 있다.

모기는 같은 크기의 다른 곤충보다 4배는 빠르게 날개를 펄럭인다. 비행 실력은 전적으로 앞날개에 달려 있는데 날개가 길어서 이 긴 날개를 좁은 범위에서 빠르게 날갯짓을 하며 윙윙거린다. 모기는 뒷날개가 퇴화되어 작은 봉처럼 남아 평형감각에 도움을 주기 때문에 재빠른 곡예 비행이 가능하다.

대부분의 곤충은 날개를 펄럭이면서 작게나마 낮은 압력의 소용돌이 바람을 일으킨다. 날개 앞쪽 끝에서 공기 흐름을 가르고 앞날개를 따라 소용돌이치는 공기의 거품이 생겨나는 것을 이용한다. 그러나 모기는 날개를 충분히 위아래로 펄럭이는 게 아니라, 빠르게 위아래 40도 정도의 각도로 짧게 펄럭인다. 이렇게 빠른 날갯짓은 날개 앞쪽 끝에 소용돌이 바람이 작아서 충분한 양력을 만들어 내는 건 불가능하다.

그런데 모기는 섬세하게 날개 앞쪽에서 뒤쪽으로 날개 회전축을 바꾸면서 더 많은 수평적 표면을 만들어 내기 때문에 날개로 계속해서 공기를 아래로 지속적으로 밀어낼 수 있다. 모기는 날개를 회전시킬 때 발생하는 양력을 이용해서 공중에 떠 있다. 날갯짓을 하며 앞으로 나아가고 날개를 회전하면서 비행 상태를 유지한다.

공중 정지를 위한 날갯짓

꿀벌은 날아가는 속도는 느려도 공중 정지할 때 날갯짓을 하는 횟수가 1초에 250번으로 매우 빠르다. 몸집이 큰 흰나비는 꿀벌과 비행 속도는 비슷한데 공중 정지하느라 날갯짓하는 횟수는 1

초에 12번에 불과하다. 잠자리를 비롯한 많은 곤충은 평소보다 날개를 빠르게 움직이면서 공중에서 한 곳에 머물면서 정지 상태로 있을 수 있다. 공중 정지 비행에는 에너지가 많이 든다.

이렇게 공중 정지를 하는 원리는 복잡하다. 중력을 극복하기 위한 양력도 필요하지만 옆으로 움직이지 않도록 안정성이 필요하기 때문이다. 공기역학적으로 정교하게 분석해 보면 진동 사이클마다 동적으로 속도가 줄어 아래로 떨어지는 상황을 만들어 내고, 날개를 충분히 펄럭이지 않으면서 추진력을 만들지는 않기 때문에 앞으로 전진하지 않는다.

날개를 아래로 내리는 날갯짓을 하면 양력이 만들어진다. 주변 공기를 아래로 날개가 밀어내면 날개의 힘에 반발하는 공기의 반작용의 힘으로 말미암아 곤충은 위로 올라간다. 날갯짓을 위로 올리는 동안에는 날개에 미치는 양력이 적어서 살짝 아래로 떨어지고 다시 아래로 날갯짓하는 힘으로 위로 올라가게 되어 곤충은 아래위로 진동하면서 같은 위치에 머물게 된다. 날개를 천천히 펄럭이면 양력이 없는 시간이 길어지면서 좀 더 밑으로 많이 떨어진다.

곤충이 하락하는 거리를 짧게 하면서 공중에서 멈추려면 날갯짓을 얼마나 빠르게 하는가에 달려 있다. 1초에 10번 정도로 날갯짓하는 나비는 횟수가 느려서 공중에 머무르기가 어렵다. 대부분의 곤충이 공중 정지하려면 필요한 날갯짓의 횟수가 1초에 110

번 정도다. 날갯짓 속도가 빠른 모기는 공중 정지 능력이 좋다. 모기는 빠르고 짧은 날갯짓으로 날개 앞쪽 끝에서 소용돌이 바람을 만들어 내면서 어느 정도 양력을 일으키고, 날개를 8자형의 곡선으로 회전시키면서 소용돌이 바람을 날개의 뒤쪽 가장자리를 따라 가둔다. 날개 회전으로 소용돌이 바람을 가두면 또 다른 소용돌이를 일으키기 위한 힘이 안 들고 효율적으로 양력을 유지할 수 있다.

날개를 회전시키면서 공기를 아래로 밀어내기 때문에 날개 위쪽은 또다시 공기 압력이 낮아진다. 모기는 복잡한 날갯짓을 하는 방법으로 진화하면서 공기역학적인 힘으로 양력을 얻는다. 모기가 이륙할 때는 다리로 밀면서 날갯짓을 하기 때문에 뜨기가 쉽다.

비행 효율을 높이는 날개 움직임

대부분의 곤충은 앞날개와 뒷날개를 붙여서 함께 움직인다. 비행을 위한 공기 소용돌이를 좀 더 힘차게 만들기 위해서다. 많은 곤충에서 앞날개와 뒷날개가 연결되어 움직이기 때문에 비행할 때 공기역학적인 효율성이 좋다.

가장 흔한 연결 방법은 뒷날개의 앞쪽 가장자리에 작은 갈고리가 쭉 열을 이루고 있어서 앞날개와 함께 지퍼처럼 잠그는 방법이다. 날아갈 때 앞뒤 날개를 단단히 함께 붙일 수 있게 되어 있다. 밑들이 종류나 나비, 몇몇 날도래 종류는 앞날개의 일부와 뒷날개가 겹쳐지거나, 나방의 경우처럼 뒷날개와 앞날개를 잇는 날개갈고리를 받치는 부분이 앞날개 위에 있거나 뒷날개에 센털이 있어서 서로 연결된다.

벌의 날개는 뒷날개 앞쪽으로 갈고리 역할을 하는 수많은 센털이 있어서 앞날개 끝부분과 강하게 결합해서 두 쌍이 하나의 날개처럼 연결되어 힘차게 난다. 그래서 날개 크기보다 좀 더 수월하게 양력을 얻는다. 벌의 비행을 보면 앞날개와 뒷날개를 붙여서 함께 위쪽으로 날갯짓하면서 양 날개를 부딪치고, 앞으로 몸을 뻗고, 그리고 날갯짓을 아래로 하는 3단계 과정이 있다.

벌이 날려고 할 때는 날개를 위로 올려 등의 위쪽에서 서로 부딪친다. 그러면 날개 사이의 공간이 없어지는데, 그러고 나서 붙어 있던 날개를 벌리면 그 틈으로 공기가 밀려들어 가고 날개가 거의 서로 떨어지면 날개 주변에 공기 흐름이 생긴다. 마지막으로 날개를 아래로 내리는 날갯짓을 하면서 아래로 힘을 가하면 날개 주변의 공기 흐름이 소용돌이로 바뀐다. 이 공기 소용돌이를 이용해 뜨는 힘을 얻는다.

매미가 날아갈 때는 뒷날개의 앞쪽 끝의 굵은 날개 맥을 따라서 앞날개의 뒤쪽에 홈이 파인 부분이 고리처럼 연결되어 날아간다. 매미의 앞날개와 뒷날개는 모두 막으로 되어 있는데 비행 실력이 별로 안 좋아서 단지 몇 초 정도만 난다.

잠자리는 다르다. 두 쌍의 날개를 연결시키지 않은 채 한꺼번에 펄럭이지 않고 앞과 뒤의 날개를 교대로 따로따로 펄럭인다. 그래서 잠자리는 자유롭게 전진하고 자유롭게 후퇴하는 능력을 갖췄다. 또한 정지 상태에 있다가 시속 50킬로미터에 가까운 빠른 속도로 날 수 있다. 잠자리는 가느다란 동체에 긴 날개를 가진 글라이더처럼 비행 효율이 좋고, 정지 상태로 공중에 머물거나 순간적으로 빠른 속도로 날아가거나 재빠르게 회전할 수 있다.

삽주벌레의 날개는 깃털 같아서 앞뒤 날개를 연결시키지도 못한다. 게다가 날개 앞쪽 가장자리에 소용돌이 바람이 만들어지지 않기 때문에 날개를 부딪혀서 바람을 일으키고 날개 위에 공기 압력을 낮춘 후 몸을 뻗어 나아가는 비행 방법을 택하고 있다.

미래의 비행술

인간은 새의 유선형 날개를 모방하고 날갯짓을 응용하면서 양력과 추진력을 높이고 항력을 줄이는 기술을 개발했다. 그런데 군사적인 용도나 탐사에 곤충의 비행 원리도 차츰 응용하고 있다.

인질을 구출하고 정찰하며 탐지하는 임무를 수행하는 로봇 곤충이 개발되고 있다. 로봇 곤충은 화학반응으로 발생하는 가스에 의해 날개를 가볍고 빠르게 치며 날 수 있다. 이렇게 날개를 파닥거리면 적은 양의 전기가 만들어진다. 이렇게 만들어진 전기를 다시 사용해서 날개를 움직일 수 있기 때문에 동력을 절약해서 적은 에너지로도 비행이 가능하다.

비행하는 곤충이 어떻게 몸을 기울이는지도 기술 개발에 참고할 만하다. 곤충은 비행 속도가 증가함에 따라 고개를 아래로 기울이면서 몸통을 좀 더 수평으로 만든다. 그러면 공기를 맞받는 정면의 면적이 감소한다. 앞으로 향하는 속도가 커지면 항력 역시 증가하는데, 이때 곤충은 자신의 비행을 좀 더 효율적으로 하기 위한 전략을 취한다. 날갯짓을 아래로 할 때 공기의 흐름과 곤충의 몸이 이루는 각도를 수시로 변화시키는데, 가능한 한 다양하게 조작하며 가장 효율적인 상태로 만든다. 이렇게 공기의 흐름과 몸의 각도를 인식하며 조절하는 방법도 빠른 속도로 비행하는 기술을 개발할 때 응용할 수 있을 것이다.

나비나 나방 종류의 가슴과 배에 덮여 있는 비늘에도 많은 기능이 있다. 몸의 체온을 유지해 주고, 열을 조절하는 것 외에도 비행할 때 활강하는 것을 돕는다. 앞으로 인간은 나비의 작은 비늘 속에 있는 원리를 이용해 활강하는 기술도 개발할 수 있으리라 전망된다.

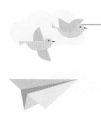

오랜 세월 동안 인류는 하늘을 나는 새를 동경했다. 처음에는 단순히 새의 날갯짓을 모방하는 수준에 그쳤지만 유체역학에 대해 연구하기 시작하면서 마침내 하늘을 자유롭게 누빌 수 있게 되었다. 날개의 윗면은 둥근 모양으로, 아래는 편평한 모양으로 만들어 공기의 흐름을 달리하고, 압력 차를 만들어 양력을 만들어 낸 것이다. 이런 유체역학의 이용은 비행기와 우주선을 만드는 밑거름이 되었고, 인류는 지구의 대기를 벗어나 우주까지 여행하게 되었다.

우리가 우주를 여행하고, 행성을 탐험하는 이유는 무엇일까? 인류가 살 수 있는 새로운 행성을 찾고자 하는 바람도 있겠지만, 우리가 쉽게 떠올리지 못하는 현실적인 이유도 아주 많다.

'희토류'는 원소기호 57번부터 71번까지의 란타넘란탄계 원소 15개와, 21번인 스칸듐(Sc), 그리고 39번인 이트륨(Y) 등 총 17개 원소를 총칭하는 말이다. 희토류는 전기 및 하이브리드 자동차, 풍력 발전, 태양열 발전 등에 필요한 영구자석 제작에 꼭 필요한 물질이다. 희토류가 가장 많이 매장되어 있는 국가는 중국이다. 하지만 우리나라는 전반적으로 자원이 부족한 나라다. 이를 극복할 수 있는 방안을 우주로 눈을 돌려 찾아볼 수 있다. 우주의 소행성에는 이런 희토류가 풍부하다. 또한 미래 에너지원으로 주목받는 핵융합 발전의 원료, 헬륨-3이 달에 최소한 100만 톤이 있다. 이 밖에도 우주로 직접 인공위성을 쏘아 올려 태양광 에너지를 태양 가까이에서 어마어마하게 얻을 수도 있으며 인공위성으로 지구 온난화와 기상 이변을 빠르게 관측하여 인류의 피해를 줄일 수도 있다.

가까운 미래에 이런 일들을 실현시킬 수 있는 사람이 바로 항공우주공학자다. 항공우주공학자는 항공기, 우주선, 로켓, 인공위성을 연구하고 개발하는 일을 주로 한다. 항공우주공학자가 되기 위해서는 수학, 물리학, 화학에 흥미가 있어야 한다. 기계, 전자 등 공학과 천문학, 기상학 등에도 관심이 있으면 좋다. 항공우주공학, 기계공학, 전자공학, 화학, 공학 등의 대학 전공을 마치고 석박사 과정을 거치면 항공우주공학자로서, 한국항공우주연구원KARI, 한국항공우주산업 주식회사KAI, 한국기계연구원, 한국과학기술연구원 등에서 일할 수 있다. 또한 항공기 제작 회사, 헬리콥터 개발 업체, 전자 부품 업체 등에 취업하거나 대학에서 연구를 이어갈 수도 있다.

한국항공우주연구원에서는 위성기술·위성정보를 연구하거나 발사체 기술 등을 연구한다. 우주선을 하늘로 쏘아 올리기 위해서는 공기역학, 구조역학, 추진공학 등을 연구해야 한다. 공기역학이란 항공기 같은 비행체 주변에 흐르는 공기 흐름에 대한 연구고, 구조역학은 이 흐름을 잘 이용할 수 있는 구조, 소재 등에 관한 연구다. 추진공학은 말 그대로 앞으로 나아가는 힘, 즉 엔진 연구에 대한 것이다. 주로 대학원 과정에서 열유체, 비행역학 등을 전공하면 좋다. 위성기술 연구에는 우주 궤도 환경에 대해 시험을 하거나 시험 기술을 개발하는 일 등이 포함된다. 발사체 기술 연구에는 발사체의 추진 기관 시스템을 설계하거나 비행 소프트웨어를 개발하는 일 등이 있다.

한국항공우주연구원은 중고등학생을 대상으로, 청소년 항공우주 진로 캠프를 운영하며 연구원의 진로 멘토링, 로켓 개발 프로젝트 등을 체험할 수 있는 교육 프로그램들을 진행 중이니 참여해 보면 진로 결정에 도움이 될 것이다.

사진작가나 화가의 전시회에 초대받았다고 상상해 보자. 당연
하게 들릴지 모르지만, 당신은 가장 먼저 전시회의 '입구'를 찾
아갈 것이다. 그 입구에 들어서면 바닥에 그려진 화살표대로,
혹은 안내에 따라 발걸음을 옮기며 순서대로 작품을 감상할 것
이다. 하나씩 찬찬히 작품을 살펴보며 여러 가지 느낌과 생각을
떠올리게 된다. 그러다 전시가 끝나 갈 무렵에는 작가가 작품을
통해 표현하고자 했던 생각에 닿게 될 것이다.

이렇듯 어떤 전시회를 가든, 어느 박물관을 가든 관람에는 순
서가 정해져 있고 그에 맞게 전시품의 배치가 적절하게 이루어
져 있다. 전시품에 대한 정보를 관람객에게 효과적으로 전달하
기 위해서다.

그렇다면, 자연사박물관은 어떨까? 그 순서와 배치는 모두 자연사박물관에서 일하는 큐레이터의 몫이다. 큐레이터는 박물관을 총괄하는 기획자인 셈이다. 자연사박물관은 말 그대로 자연의 역사를 담고자 하므로, 천문학, 인류학, 지질학, 고생물학, 식물학, 동물학에 대한 다양한 정보를 전시한다. 그 정보를 어떤 전시품으로 어떻게 구성하느냐는 큐레이터의 의도와 역량에 따라 천차만별이다. 예를 들어 행성의 자전, 공전을 천장에 달린 큰 천체 모형의 움직임으로 설명한다든지, 공룡의 뼈를 원형 그대로 복원해 그 모양과 크기를 체감하게 한다든지, 멸종된 동물의 모습을 복원해 이제는 보지 못하는 정보를 직접 느낄 수 있도록 전달하는 식이다.

어떤 정보를 전달할 때 막연히 그 정보를 나열하는 방법이 있는 반면, 눈으로 보고 손으로 만지는 등 직접 체험하면서 정보를 얻을 수도 있다. 더 효과적인 전시와 정보 전달을 위해서 큐레이터의 기획력과 창의성이 얼마든지 발휘될 수 있는 것이다. 이런 정보 전달뿐만 아니라 큐레이터가 전달하고 싶은 생각, 예를 들어 자연보호의 중요성을 알리고 싶다면 전시를 통해 그 메시지 또한 전달할 수 있으니 그 주제 또한 무궁무진하다.

자연사박물관에서 일하고 있는 큐레이터는 박물관의 모든 전시와 행사를 총괄하므로, 관람객의 이해를 위한 최적의 배치와 구성뿐 아니라 전시품의 보존·관리에도 신경을 써야 한다.

또한 부족한 전시품을 구하려고 발품을 파는 경우도 있다.

큐레이터가 되기 위한 자질에는 자연사에 포함되는 학문에 대한 흥미와 지식, 전시를 기획할 수 있는 창의력 등이 있다. 큐레이터를 다른 말로 학예사라고도 부르는데, 큐레이터가 되기 위해 '학예사 자격증'을 딸 수도 있다. 박물관학과 언어 1개, 선택과목 2개의 시험을 보고 나서 정학예사 또는 준학예사의 자격증을 취득할 수 있다. 또한 자연사와 관련된 학과를 전공하는 것이 좋다. 자연사박물관에서 다루는 내용이 다양한 만큼, 관련 학과도 다양하다. 주로 민속학과, 생물학과, 고고학과, 문화재학과, 인류학과, 박물관큐레이터과, 사학과로 진학한다.

비슷한 직업군에는 도슨트가 있는데, 도슨트는 전시품에 대해 관람객에게 설명해 주는 일을 한다. 외국에서는 큐레이터와 도슨트를 확실히 다른 직업으로 분류하지만 우리나라는 아직까지 구분이 모호하다. 그래서 종종 큐레이터에게 전시에 대해서 설명하는 도슨트 업무를 맡기기도 한다. 대학생이 되면 국립중앙박물관에서 봉사자로서 도슨트 업무를 체험해 볼 수 있다. 서대문자연사박물관, 태백고생대자연사박물관, 계룡산자연사박물관, 목포자연사박물관 등을 방문해 보거나, 필드 박물관에서 30여 년간 큐레이터로 활동한 랜스 그란데가 쓴 《큐레이터》를 읽으며 큐레이터라는 직업에 대한 생생한 이야기를 접해 보자.

2장

인간이
꿈꿔 온
새의 날개

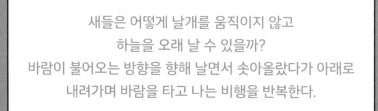

새들은 어떻게 날개를 움직이지 않고
하늘을 오래 날 수 있을까?
바람이 불어오는 방향을 향해 날면서 솟아올랐다가 아래로
내려가며 바람을 타고 나는 비행을 반복한다.

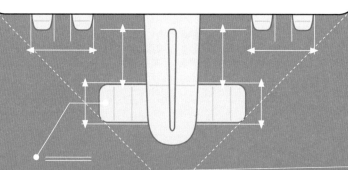

더 쉽고 빠르게 날기 위한 전략

세상에서 가장 커다란 날개를 가진 새는 어떤 새일까? 앨버트로스는 주로 지구 남반구의 바다와 북태평양에 사는 새로, 날개를 편 폭이 세상에서 가장 길다. 그 길이는 무려 3~4미터나 된다. 앨버트로스의 날개는 가운데가 불룩하게 위로 휜 유선형으로, 가장자리가 두꺼워서 양력을 높이도록 적응했다. 특히 빠르게 날아오르는 동안 근육의 피로를 줄이기 위한 독특한 비행 방식을 개발했다. 날개를 완전히 펴고는 어깨 근육에 힘을 꽉 주고 어깨에서 날개를 잇는 힘줄을 잠그는 것이다. 그러면 다른 근육을 쓰지 않고도 길게 날개를 펴서 바람을 타며 몇 시간이고 쉬지 않고 날 수 있다. 심지어는 날개를 퍼덕이지도 않은 채로도 오랜 시간 날 수 있을 만큼 효율적이다. 그러면 어떻게 날개를 움직이지 않고 하늘을 오래 날 수 있을까? 바람이 불어오는 방향을 향해 날면서 솟아올랐다가 아래로 내려가며 바람을 타고 나는 비행을 반복한다. 즉 바람으로 에너지를 얻고, 단지 방향을 틀 때만 에너지를 쓰는 방식이다. 이러한 비행 방법으로 수천 킬로미터를 날갯짓을 하지 않은 채 비행할 수 있다. 또한 커다란 파도가 일으키는 바람의 방향으로 상승하는 기류를 타면서 하늘 높이 올라간다. 바람은 파도나 산등성이, 절벽에 부딪히면 비껴서 경사면을 타고 상승하는데 앨버트로스는 이 바람을 타고 오랫동안 공중에 머물거나 장거리를 이동한다.

큰 힘을 들이지 않고 바닷바람을 타는 앨버트로스는 오징어나 물고기, 크릴을 사냥하며 바다에서 세월을 보낸다. 사냥을 위해 잠깐씩 잠수하기도 한다. 몇 주가 지나도록 땅으로 돌아오지 않기도 하지만 번식을 할 때는 바다 멀리 떨어진 섬으로 모인다. 큰 무리를 만들어 번식하고, 암컷은 1개의 알을 낳아 암수가 쌍으로 번갈아 알을 부화시키고 돌본다. 암수가 쌍을 이루어 생활하는 기간은 펭귄보다 좀 더 길다. 몇 년 이상 지속되거나 일평생을 함께하기도 한다. 앨버트로스는 망망대해에서 짝에 의지하며 장거리를 날아간다.

이렇듯 앨버트로스는 바람을 타고 날개를 크게 뻗으며 맘껏 하늘을 난다. 다른 바닷새들도 바람과 기류를 효율적으로 이용하는 방법을 터득했다.

날개를 편 폭이 가장 긴 앨버트로스는 수천 킬로미터를 날갯짓을 하지 않고 비행할 수 있다.

바람을 이용하는 새들

앞서 소개했듯 매는 지표가 가열되어 생기는 상승기류를 타고 하늘로 솟아오른다. 많은 철새 또한 바람의 흐름을 이용한다. 맑고 상승기류가 있는 날은 하늘 높이 오르기 적합한 때다.

철새 무리는 장거리 이동을 할 때 수평으로 부는 바람을 이용해서 에너지 낭비를 줄이기도 한다. 미국황금물떼새는 순풍을 타고 3,800킬로미터가 넘는 바닷길을 48시간 동안 한 번도 쉬지 않고 날기도 한다. 고니 같은 기러기목의 새는 8킬로미터 정도의 고도에서 제트기류를 타고 시속 150킬로미터나 되는 속도로까지 빠르게 나는 것으로 알려져 있다.

> **제트기류**
>
> 대류권의 상부나 성층권의 아랫부분에서 좁고 수평으로 부는 강한 공기의 흐름. 풍속은 보통 시속 100~250킬로미터인데 시속 500킬로미터에 이르기도 한다.

높은 고도에 오르면 이점이 있다. 빠른 순풍을 탈 수 있는 것이다. 지상에서 8킬로미터가 넘는 상공에서 발견된 아이슬란드와 유럽 사이의 대서양 위를 건너는 큰고니 무리가 있는가 하면, 8킬로미터 고도의 에베레스트산에서 관찰된 노란부리까마귀도 있다. 이들은 모두 제트기류를 이용해 높은 곳까지 오르는 것이다.

멀리, 높이 나는 새는 이처럼 대류권 상층부에서 부는 제트기류를 타고 빠르게 이동한다. 제트기류는 지표면에서 10~15킬로미터의 고도에서도 발생하지만, 새가 이용하는 제트기류는 대개

6킬로미터 이상의 고도에서 생기는 빠른 바람이다. 앞에서 불어오는 강한 역풍은 철새 무리를 지치게 하지만, 뒤에서 부는 순풍을 타면 아주 적은 에너지로 놀라울 만큼 멀리 날 수 있다.

더 높은 하늘에서 발견된 새도 있다. 서아프리카 코트디부아르의 11.5킬로미터 상공에서 독수리 한 마리가 비행기의 제트엔진에 빨려 들어갔다. 이 독수리는 제트기류에 휩쓸려 비정상적인 비행 고도까지 얼떨결에 올라간 경우다. 손쉬운 기회를 맞았다고 절제하지 못한 탓인지, 강한 바람에 어쩔 수 없이 올라가 날게 되었는지는 알 수 없지만 매우 높은 상공을 날아 본 독수리다.

에베레스트산도 넘는 줄기러기의 날개

인도기러기라고도 불리는 줄기러기는 인도의 저지대에서 겨울을 보낸 뒤 해마다 봄이면 떼를 지어 지구에서 가장 높고 험한 에베레스트산을 넘어 이동하는 철새다. 머리 뒤쪽에 두 줄의 검은 줄무늬를 갖고 있어 줄기러기라고도 불린다. 히말라야산맥의 좀 낮은 봉우리를 거치기도 하지만 에베레스트산을 넘어 티베트고원에 있는 번식지로 이동한다. 그러고는 해마다 가을이 되면 갔던 길을 되돌아온다.

말하자면 줄기러기는 한 해에 두 차례씩 에베레스트산을 넘나드는 철새다. 세계에서 5번째로 높은 봉우리로서 8,400미터에 이르는 마칼루산을 곧바로 훌쩍 넘는 것이 목격되고 있다. 해발

8,848미터 에베레스트산 꼭대기 부근의 고도에서는 산소가 부족해 등잔불도 켜기 어렵고, 희박한 공기 때문에 헬리콥터가 날기도 어렵다. 물론 제트기는 그보다 더 높은 11킬로미터, 12킬로미터 고도를 날수 있다. 그러나 비행 고도를 무한정 높이 올릴 수는 없는 이유가 있다. 일정 고도 이상 올라가면 제트엔진을 연소시킬 수 있는 산소가 희박해지고 대기 밀도 또한 낮아져서 항공기를 띄우는 힘인 양력뿐 아니라 추력도 감소하기 때문이다. 우주왕복선은 추진체를 태울 액화 상태의 산소를 싣고 가면서 이 문제를 해결한다.

에베레스트산을 맨몸으로 넘는 줄기러기가 맞닥뜨리는 환경이 얼마나 위험한지는 상상을 초월한다. 줄기러기는 큰 날개로 많은 양력을 확보해야 한다. 센 바람과 혹독한 조건을 역으로 이용하면 강력한 힘을 발휘할 수 있다. 강한 바람을 타고 날갯짓 없이 활공하면서 꽤 먼 거리를 이동한다. 인도의 저지대에서 에베레스트산을 넘어 티베트고원의 목적지까지 1,600킬로미터가 넘는 거리를 단 하루 만에 이동한다.

바람을 극복하거나 이용하는 능력이 탁월한 이유는 몸집에 비해 큰 날개다. 특히 몸무게에 비하면 균형이 어긋날 만큼 날개의 표면적이 크다. 날개 끝은 바람의 저항을 줄이기 위해 뾰족하게 생겼다. 그래서 줄기러기는 순전히 제 힘으로 1시간에 80킬로미터를 넘게 날 수 있다. 때로는 바람이 옆에서 불어도 앞으로 나아

바람을 극복하거나 이용하는 능력이 탁월한 줄기러기는 몸집에 비해 날개가 커서 양력을 효율적으로 확보한다.

간다. 꽁지 쪽에 순풍을 받으면 1시간에 160킬로미터를 헤쳐 나갈 수도 있다. 고도가 높은 에베레스트산 상공에는 시속 320킬로미터가 넘는 바람이 몰아치는데, 운이 좋으면 바람의 세기를 이용해 쉽게 이동할 수 있다. 암수의 크기가 비슷해서 날 때 암컷이 힘에 부쳐 못 따라가는 일은 없다.

줄기러기는 고도에 따른 엄청난 대기압과 온도의 변화와 산소가 부족한 열악한 환경에 정면으로 맞선다. 에베레스트산 상공의 대기압은 매우 낮아서 폐 속의 공기가 빠져나갈 듯 느껴지기 일쑤다. 살이 노출되면 곧바로 얼어붙을 만큼 온도도 낮고, 산소 농도가 저지대의 3분의 1정도로 희박하다. 그러나 줄기러기는 9,000미터 높이에 가까운 상공을 거침없이 뚫고 나간다. 무리를 지어 아주 높은 고도를 비행하는 철새로 알려져 있다.

많은 철새는 호흡계나 혈관계에서 산소를 효율적으로 이용하는 능력이 떨어지므로 지면 가까운 높이에서 난다. 그러나 높은 하늘을 나는 줄기러기는 뇌에서 모세혈관을 수축시키지 않고 긴 시간 동안 날 수 있어서 분별력을 잃지 않는다. 줄기러기는 물새라서 깃털에 방수 기능도 있다. 부리로 깃털을 다듬으며 몸단장을 하면 꽁지 아래에 있는 기름샘에서 나온 기름이 깃털을 덮어 방수 효과가 생긴다.

기러기는 왜 무리 지어 날아갈까?

학이나 백조, 기러기, 펠리컨, 플라밍고, 도요새 등의 새들은 이주할 때 무리를 지어 V자형을 만들어 함께 날아간다. V자형의 비행에서 새들은 조금씩 앞쪽으로 간격을 두고 날면서 바람의 저항을 줄인다. 이렇게 바람의 저항력을 줄이면 무리 비행이 수월해진다. 특히 맨 앞에서 나는 우두머리가 지나가며 생긴 공기의 흐름이 뒤따르는 새들에게 도움을 준다.

이렇듯 무리로 이동하는 이유는 에너지 낭비를 최소화하기 위함인데, 또 다른 이유는 방향을 바꾸거나 속도를 조절할 때 구성원들에게 빠르고 효율적으로 의사 전달을 할 수 있어서 함께 행동하기가 쉬운 까닭이다. 그러면 위험을 피하고 경로를 좀 더 잘 찾을 수 있다.

무리 비행을 할 때 공기의 흐름이 어떻게 바뀌는지 자세히 살펴보자. 무리 앞에서 공기를 맞는 새의 뒤쪽으로는 밀리는 기류가 생긴다. 이 때문에 일시적으로 압력이 낮아져서 밑에서부터 바람이 떠받쳐 주는 양력이 생긴다. 이 양력은 무리가 힘을 덜 들이고 비행할 수 있게 한다.

한편, 우두머리의 뒤에 있는 새들은 위아래로 하는 날갯짓으로 위쪽으로 향하는 틈새 바람을 만든다. 이 바람은 앞에서 날아가는 새를 밀어 줘서 무리가 앞으로 나아가는 추진력이 된다. 이런 식으로 밀고 당기는 관계가 이루어지면서 무리는 서로 힘을 덜

들이면서 날 수 있다. 그래서 혼자 날 때보다 훨씬 멀리 그리고 높게 날 수 있다.

무리의 우두머리는 그 가운데 몸집이 크고 나이가 든 새일 때가 많다. 우두머리는 이동할 때 대열의 맨 앞에서 비행 방향과 속도를 조절한다. 이들은 위험이 따를 때 소리를 내면서 무리에게 주의를 준다.

만약 앞에서 강한 바람이 불면 우두머리는 이륙할 시기를 좀 더 기다린다. 이미 날아가는 상황이라면 무리를 이끌고 땅에 내려가거나 비행 고도를 바꾸기도 한다. 무리는 우두머리를 따라 나아간다. 앞쪽에서 부는 바람을 맞으면 산등성이 아래쪽의 천천히 부는 바람을 따라 날고, 다시 뒤에서 바람이 불면 높이 올라서 빠른 바람을 이용한다. 이렇듯 무리의 운명은 우두머리의 역량과 판단력에 많은 부분을 의존한다.

맞바람을 헤쳐 나가는 우두머리는 힘든 일을 자진해 맡으며 투철한 희생정신으로 무리를 이끈다. 뒤에서 밀어 주는 힘을 받는다고 해도 앞에서 날아가는 새는 더 많은 에너지를 쓸 수밖에 없다. 따라서 다른 새들보다 빨리 지치게 된다. 그래서 앞장선 우두머리가 지치는 걸 막기 위해 몇 마리가 번갈아 가며 우두머리로 나선다. 앞에서 날며 에너지를 많이 소모한 새는 뒤로 빠져서 한결 수월하게 날며 다시 힘을 비축한다. 그렇게 해서 충전이 되면 그 새는 다시 우두머리로 앞장선다.

무리를 지어 낮 동안 이주하는 새들이 목격되기도 하지만 대부분 새들의 이주는 밤에 이루어진다. 밤공기가 차고 잔잔해서 이동하기 쉽고 포식자의 활동이 뜸하기 때문이다. 200미터 이하의 상공에서는 가까이 붙어서 날고 더 높아지면 좀 더 간격을 띄워 나는 경향이 있다.

철새가 이주하는 이유

철새가 이동하는 이유에는 여러 가지가 있다. 서식지가 천적에게 침범을 받거나 파괴되었을 때 집단 이주를 하기도 하고, 불규칙적인 유랑 생활을 하는 새들도 있다. 그래도 이주는 먹거리를 찾기 위해서인 경우가 가장 많다. 그래서 몇몇 벌새의 경우 겨울 동안 식량을 쉽게 찾을 수 있다면 이주하지 않는다.

전 세계에 1만여 종의 새 중에서 1,800종 정도가 장거리를 이동하는 철새다.

철새가 이주해야 하는 때를 알아차리는 것은 계절이 바뀔 때다. 낮의 길이가 짧아지는 가을이 가까워지거나 봄이 되어 낮이 길어지는 변화가 생기면 그 낌새로 옮겨 갈 준비를 한다. 정기적으로 이주하는 철새는 여름 번식지와 겨울 서식지 사이를 오가는 자신의 비행 경로를 따라 북쪽이나 남쪽으로 이동한다.

북반구의 여름은 낮의 길이가 길어서 어린 새끼에게 먹이를 먹일 기회가 많아진다. 북반구의 철새들은 계절에 따른 환경의 변화가 별로 없는 따스한 지역에 머무르는 새보다 한 번에 여러 개의 알을 낳아 더 많은 새끼를 기르는 것으로 밝혀져 있다. 이동하다가 잠시 들르는 장소에서 기생충이나 병균에 감염되기 쉬워서 면역력 또한 높아야 한다.

비행 경로는 해나 별의 움직임을 따라간다. 이때 자기장이나 지형 같은 자연의 요소를 이용한다. 철새는 특히 바람을 잘 이용하기 때문에 먼 거리를 이동하면서도 에너지를 적게 쓰고 효율을 높인다. 산맥이나 해안선, 강을 따라가다가 상승기류를 타는 혜택을 얻어 지리적 악조건을 피해 나는 방법을 터득했다. 북미의 철새는 바람을 타고 시계 방향으로 이동하는데, 북쪽으로 가는 새는 좀 더 서쪽으로, 남쪽으로 가는 새는 좀 더 동쪽으로 이동하는 경향이 있다.

북극제비갈매기는 번식지인 북극에 겨울이 오면 남극의 해안에서 여름을 보내기 위해 이동하고, 남극에 겨울이 다가오면 북극에서 여름을 보내기 위해 다시 이동한다. 그래서 지구의 끝과 끝을 향해 가장 장거리를 이주하는 새다. 그렇기에 날갯짓을 하지 않고 바람을 타고 활공하는 실력이 누구보다 뛰어나다. 그에 맞게 커다란 날개를 가지고 있는데, 날개를 편 길이가 몸 길이의 2배다. 언제나 물고기나 무척추동물 같은 먹이가 풍부한 장소에 머물다 보니 수명도 길어서 15살을 넘어 30살까지도 산다. 그래서 개체 수도 자꾸 불어나는 중이다.

철새는 얼마나 높이 날 수 있을까?

철새마다 이동하는 방식이나 거리, 목적지가 다르다. 무리 중 일부만 이주하는 새들이 있는가 하면, 겨울에는 낮은 고도로 가고 여름에는 높은 고도로 이동하는 새도 있다. 높은 고도를 등 타듯 넘어 짧은 거리를 이주하는 철새도 있다. 이런 새들은 안데스산맥이나 히말라야산맥처럼 높은 고도를 넘기는 하지만 짧은 거리를 이동한다. 안데스산맥을 넘는 새로는 플라밍고 중에서도 가장 키가 크고 몸이 분홍빛을 띤 안데스플라밍고가 있다. 안데스산맥의 얕은 습지를 찾아 3,500미터의 고도를 즐겨 넘는다. 습지가 마르면 여름의 우기 동안 빗물로 채워진 습지를 향해 날기 때문에 겨울이면 해발 65미터 정도까지 내려간다.

철새의 95퍼센트 정도는 해발 3킬로미터 이내의 고도에서 이동한다. 그중에서도 새가 가장 많이 택하는 고도는 900미터 정도인 것으로 알려져 있다. 제비, 할미새, 찌르레기, 까마귀 같은 참새목에 속하는 새는 150미터에서 600미터 사이의 고도를 따르고, 물새는 흔히 60미터에서 1,200미터 높이까지 난다. 철새마다 각자 자신에게 알맞은 고도가 있다. 지형에 따라, 기상 상태에 따라, 계절에 따라서도 비행 고도가 달라진다.

언제 비행하는지도 고도에 영향을 미친다. 낮에는 1킬로미터의 고도로 이동하던 새가 밤에는 570미터 높이로 낮게 이동하는 것이 관찰된 적이 있다. 이처럼 하루 중 어느 때인지에 따라 비행 고도가 달라질 수 있다. 여러 요소에 따라 비행 고도는 달라지더라도 위험 정도와 피로를 줄이며 목적지까지 가려는 목표는 같다.

철새의 가장 흔한 패턴은 봄이나 여름에 북반구에서 짝을 짓고 알을 낳아 기르고 번식하다가 가을이나 겨울이 다가오면 좀 더 따뜻한 남쪽으로 이주하는 방식이다. 남반구에 사는 새들은 반대 방향으로 움직이지만, 남극 방향에 있는 땅은 대체로 면적이 좁아서 장거리를 이동하기 좋은 여건은 아니다. 그래서 이동 거리가 짧은 편이다.

날지 못하는 새?

당연한 이야기지만, 사람은 너무 많이 먹으면 몸에 쉽게 살이 붙는다. 다른 동물들도 그렇다. 동물이 나오는 TV 프로그램에도 맛난 음식을 너무 자주 먹어서 잔뜩 통통해진 강아지나 고양이가 나온다. 그렇다면 새들은 어떨까? 포동포동하거나 비만인 새도 있을까? 사실 새들은 뚱뚱할 수 없다. 뚱뚱해지면 날 수 없기 때문이다. 무거워지면 날개가 무게를 이기기 어렵다.

도도새가 멸종한 이유

뚱뚱한 몸집 때문에 생존이 어려워져 멸종한 새가 있다. 바로 도도새다. 도도새는 키가 1미터인데 몸무게가 적게는 10.6킬로그램에서 많이는 17.5킬로그램까지 나갔다고 한다. 비둘깃과에 속하

도도새를 그린 그림. 16세기 마다가스카르섬에 포르투갈 선원들이 들어
와 도도새를 사냥해 먹었다. 또한 선원들과 함께 들어온 돼지, 원숭이, 쥐
등의 외래종으로 인해 도도새는 개체 수가 줄어 18세기 중반 무렵에 멸
종했다.

는 새로, 아프리카 마다가스카르섬의 동쪽에 위치한 모리셔스섬에 살던 고유종이었다.

사실 도도새는 볼품없이 뚱뚱하기만 한 건 아니었다. 한때는 생태계에 꽤 적응을 잘했던 것으로 보인다. 도도새는 이빨이 없는 대신에 소화관 내에 작은 돌멩이로 모리셔스섬 해안 숲에서 과일을 비롯한 다양한 먹이를 으깨어 소화했다. 그러면서 몸집이 커지고, 날아다니는 능력을 잃었다.

천적이 없는 데다가 먹이도 풍부했고 소화 능력도 좋았지만, 변화하는 환경에 대한 대비책이 없었던 게 탈이었다. 내성을 키우거나 출구 전략을 세우지 못했다. 16세기에 섬에 도착한 포르투갈 선원들과 외래종으로 인해 개체 수가 줄어들기 시작했다. 날지도 헤엄치지도 못한 도도새는 마침내 멸종된 새로 이름을 올렸다.

지상 최대의 새였다고 추정되는 자이언트모아는 포유류가 살지 않았던 뉴질랜드에 서식했다. 천적이라곤 몸집 큰 하스트독수리밖에 없었기에 맘껏 몸을 키워서 키가 3미터에 달했다고 한다. 암컷이 수컷보다 몸집이 컸는데, 작게는 1.5배에서 크게는 2.8배까지 덩치가 컸다. 그리고 날지 못하는 다른 새들은 날개를 흔적으로라도 갖고 있는 반면 모아새는 아예 날개가 없는 아주 특이한 새였다. 즉 모아새는 그 당시의 환경을 누리는 데만 열중한 새였다고 할 수 있다. 관목림과 고산지대 바로 밑의 숲에 살았다.

그러나 몸집을 키우긴 했어도 타조처럼 달리기 실력이 좋지 못한 데다 마구 사냥되면서 뉴질랜드에 마오리족이 상륙한 이후 지금부터 700년 전쯤에 멸종되었다. 삼림이 감소한 것도 원인이었다.

날지 못하면 경쟁력이 없을까?

도도새와 모아새 모두 몸집이 크고 날지 못하는 새로, 변화하는 환경에 적응하지 못하고 멸종했다. 그렇다면 날지 못하는 새는 경쟁력이 없는 것일까? 반드시 그런 것은 아니다. 오히려 비행 능력을 잃은 대신 다른 능력을 키워 오늘날까지 번성한 새들도 많다. 타조, 에뮤, 키위, 레아아메리카타조, 펭귄 등 60종이 넘는다. 특히 타조는 현존하는 새 중에서 가장 크기가 큰 새로 무게가 156킬로그램에 달할 정도다. 그렇다면 타조와 같은 새들은 어떤 이유로 비행 능력을 포기했을까?

가슴근육을 이용해 나는 데는 어떤 움직임보다도 에너지 소비가 많다. 따라서 포식자가 거의 없는 환경에서라면 날지 못하지만 몸집이 큰 새가 날 수 있어도 작고 가벼운 새보다 경쟁력 면에서 한 수 위다. 나는 기능을 잃더라도 달리는 능력을 키우는 것이 에너지 낭비를 줄이는 데 이득일 수 있다. 물론 포식자를 피해 도망갈 일이 거의 없을 경우에 한해서다. 도도새처럼 한 지역을 벗어나지 못하는 허점이 생긴다.

날아다니는 새는 기초대사 속도가 빠르다. 반면 날지 못하는 주금류는 날아다니는 새에 비해 기초대사 속도가 느려서 먹이를 섭취하고 남는 에너지를 저장할 수 있어서 훨씬 경제적이다. 먹이가 풍부한 곳에서, 더더구나 천적이 없는 곳에서는 구태여 날개를 펄럭이며 에너지를 낭비할 필요가 없다.

현존하고 있는 날지 못하는 새의 조상은 중생대의 공룡이 멸종된 후 신생대 초기부터 진화하기 시작한 것으로 밝혀져 있다. 이 시기는 포유동물의 시대가 열리게 된 때와 거의 비슷하다. 날지 못하는 새는 신생대 중반에 이르러서는 넓은 초원과 건조한 지역을 중심으로 널리 퍼져 갔다.

한편 날아다니는 새가 출현한 시기는 대략 1억 년 전 중생대 말기인 백악기였다. 피부가 늘어난 막으로 날개를 이루어 새와 어렴풋이 닮은 기능으로 날아다니던 파충류가 그 이전 시대인 중생대 중기에 생겨나긴 했었다. 결국은 공중의 영역에서 새에 밀리면서 중생대 말에 다른 공룡들과 함께 사라졌다.

큰 몸집이 경쟁력인 새

뉴질랜드는 거의 1,000년 전까지도 사람이 살고 있지 않았던 데다 몸집이 큰 포식자도 없었기에 날지 못하는 새의 주된 서식지였다. 날지 못하는 대신 튼튼한 다리로 잘 달리는 주금류는 다양한 포유동물이 있는 아프리카나 남미 등에서도 살고 있다. 다른 동물들과 견주어 경쟁력도 뒤지지 않는다. 뉴질랜드에 살고 있는 키위는 주금류 중에서 몸집이 가장 작아서 닭 크기만 하지만, 모든 새를 통틀어서 몸집에 비해 가장 크기가 큰 알을 낳는다.

쿠바에 사는 사파타뜸부기, 일본의 오키나와뜸부기, 하와이의 라이산오리 등은 최근 들어 나는 능력을 잃어 가고 있다. 그렇다고 날개를 사용하는 능력을 완전히 잃은 것은 아니다. 나는 힘이 약해졌기 때문에 잠깐씩만 난다. 장거리 이동은 불가능해졌다.

아예 날지 못하는 주금류는 날개와 깃털이 날아다니는 기능을 잃었지만 다른 특별한 능력이 생겼다. 주금류 중에서 가장 몸집이 큰 타조는 가장 빨리 달리는 새로 시속 70킬로미터까지 놀라운 속도를 자랑한다. 타조 다음으로 몸집이 큰 에뮤는 시속 50킬로미터의 기록을 갖고 있다.

주금류는 다들 일부일처를 이루고 매년 몇 번에 한해서만 짝짓기를 한다. 새끼를 기르는 데 많은 공을 들이므로 믿을 수 있는 짝이 필요해서 신중하게 딱 하나를 선택한다. 그게 바로 능력 있어 보이는 몸집 큰 새다.

주금류가 몸집이 커진 이유 중 하나가 짝에게 선택받을 때 몸집이 큰 게 유리하기 때문이기도 하다. 몸집이 큰 주금류는 짝짓기와 번식 성공률이 높아 번성하게 되었다. 그렇게 몸 크기를 키우는 방향으로 진화한 대신 날기 위한 노력을 기울이기는 힘들었다. 따라서 자유롭게 나는 일보다는 짝을 만나 번식하는 데 신경 쓸 수밖에 없었다.

수컷은 1년 내내 먹이를 구할 수 있는 장소에서 암컷과 어린 새끼들에게 필요한 자원이 풍부한 서식지를 자신의 것으로 만든다. 그러고는 암컷에게 자신이 유능하다는 신호를 보낸다. 수컷의 몸 크기 역시 그의 영역 방어 능력을 나타내기 때문에 암컷은 자신과 새끼의 미래를 맡길 수 있다는 믿음이 가는 수컷을 선택한다.

황제펭귄 수컷이 알을 품는 것처럼, 수컷 주금류는 암컷이 먹이를 먹는 3개월이 가까운 기간 동안 알을 품어 부화시키고 새끼를 기르는 역할을 맡는다. 그동안 몸속에 저장한 양분을 이용해서 몇 주는 먹지 않고 굶은 채 지낼 수 있다. 에뮤는 호주 대륙 전역에 퍼져 살고 있는데, 56일간 굶은 채 지내는 것이 관찰되었다.

날기 위한 가슴과 뛰기 위한 골반

날지 못하는 새들은 천적이 나타나면 쉽게 죽임을 당하며 비극에 처하는 경우가 허다했다. 그러다 보니 잡히지 않으려고 달려서 도망가는 실력을 쌓아 왔다. 또한 도망가려면 아주 멀리 있는 적이 어디 있는지를 잘 파악해야 한다. 그래서 타조의 눈은 육상 동물 중에서 가장 크기가 크고 먼 곳을 잘 본다.

날지 못하는 새는 모두가 비슷한 외양을 하고 있다. 길다란 다리와 길다란 목과 커다란 머리가 공동된 특징이다.

날 수 있는 새와 날지 못하는 새의 근육과 뼈의 구조는 차이가 크다. 날지 못하는 새는 당연히 날개 뼈가 작다. 그리고 가슴뼈에 용골이 아예 없거나 아주 작아서 가슴근육이 붙을 공간이 적다. 그래서 날갯짓을 할 때 필요한 가슴근육이 용도를 상실했다. 가슴근육이 줄고 가슴판은 평평해지면서 하늘을 나는 새들의 가슴과 달라졌다. 대신 달리는 힘이 좋도록 골반의 골격이 커졌다.

그렇다면 날지 못하는 새의 날개는 전혀 쓸모없는 것일까? 그렇지 않다. 날개는 빠른 속도로 달릴 때 균형을 잡는 용도로 필요하다. 그리고 마치 낙하산 장치 같은 역할도 한다. 타조는 달리다가 속도를 줄일 때 공기에 대한 저항력을 늘리도록 날개를 들어 올려 속도를 조절한다.

날개는 또한 암수가 서로 짝을 선택할 때 유혹하기 위한 용도로도 사용한다. 주금류는 짝에게 사랑을 구하기 위해 날개를 펼치기도 하고 수컷끼리 다른 수컷에게 과시하기 위한 용도로도 사용한다.

사실 타조는 워낙 몸집이 커서 날개 또한 크다. 날개를 펼쳐서 잰 양 날개 길이는 2미터에 달하고 날개 폭이 90센티미터에 달한다. 이는 날아다니는 새 중에서도 가장 몸집이 큰 새와 같은 크기다.

타조와 같은 주금류는 깃털도 특별하다. 날아다니는 새들은 각각의 깃털이 서로 고리처럼 지퍼 잠그듯 부드럽고 단단하게 연

타조의 날개는 타조의 빠른 달리기 속도를 조절하는 기능을 한다. 급하게 멈출 때 브레이크 역할을 하거나 몸을 지그재그로 움직일 때 균형을 잡아 준다.

결되어 있지만, 주금류는 다르다. 각각의 깃털에 서로 단단한 연결 기능이 없다. 그저 부드럽고 폭신폭신해서 몸의 체온을 유지하고 몸을 보호하는 기능을 한다. 그래서 낮과 밤의 기온 차가 40도에 이르는 건조지역에서도 끄떡없이 체온을 유지한다.

타조 등 주금류의 몸을 지탱하는 뼈대가 발달한 데도 이유가 있다. 빠르게 달릴 때 발생하는 지면의 반발력을 받아 주고 추진력을 제공하기 위해서 엉덩이 관절과 골반 뼈대와 근육이 발달했다. 그 결과 엉덩이가 커졌다. 가슴근육을 발달시켜 나는 새들과는 외형과 뼈대가 다르다.

생존을 위한 만능열쇠, 깃털

우리가 잘 아는 새들을 떠올려 보면 화려한 깃털을 지닌 새가 많다. 깃을 활짝 펼치는 공작새, 알록달록한 앵무새, 원앙……. 형형색색의 깃털은 새들을 더욱 아름답고 돋보이게 해준다.

새들의 깃털은 하늘을 나는 데만 필요한 것이 아니다. 놀랍게도 깃털에는 아주 다양한 능력이 있다. 체내에서 발생한 열 발산을 조절하고 외부 자극으로부터 몸을 방어해 주기도 하고, 방수효과까지 있다. 나아가 새들은 깃털 색으로 서로 소통하기도 하고, 색으로 위장해서 적으로부터 몸을 보호하는 역할도 한다.

그렇다면 새의 깃털은 어떻게 구성되어 다양한 역할을 수행하는 걸까?

깃털은 크게 2가지로 나뉜다. 바람을 맞으며 외형을 이루는 겉 깃털과 그 속에 있는, 다운 깃털이라고도 부르는 솜털이다. 즉 이중 깃털로 되어 있다.

날개깃, 즉 겉 깃털은 바깥쪽에서 안쪽 순서로 3가지로 나뉜다. 사람의 몸으로 따지면 손목에서 손가락에 해당하는, 가장 바깥쪽의 깃털이 첫째 날개깃이다. 이 날개깃은 바람을 치는 추진력을 만들어 낸다. 그 바로 안쪽은 사람의 아랫팔에 해당하는 깃털로 날개가 상하운동하며 비상하는 것을 돕는 둘째 날개깃이다. 이어서 가장 안쪽에 있는 깃털이 셋째 날개깃인데, 사람의 위팔에 해당한다. 셋째 날개깃이 장식깃으로 변형된 새도 있다.

날개의 깃털은 작은 깃가지라 부르는 작은 갈고리 형태를 띠고 있다. 그래서 각각의 깃털이 함께 연결될 수 있고 날개의 강도를 유지한다. 연결을 유지하는 강도는 나는 새는 강하지만 날지 못하는 새들은 약하다. 이처럼 작은 깃가지는 깃털의 기능과 모양을 유지하는 데 도움을 준다.

각 깃털은 크기가 큰 것과 작은 것이 있다. 깃털대를 중심으로 깃털이 양쪽으로 대칭으로 뻗어 나는 게 아니라 한쪽으로 치우쳐 있다. 세로로 뻗은 앞쪽 중심에 작은 깃털이 있고 크고 주된 깃털은 뒤쪽에 있다.

새의 깃털은 비행하고 날개를 펄럭일 때 모낭 안에서 회전한다. 피부의 근육은 하늘을 날 때 깃털이 뻗은 방향을 조절하는 역할을 한다. 이러한 깃털의 방향 조절은 비행과 이착륙에 필수다. 양력과 항력을 높이거나 줄이는 데 중요한 역할을 하기 때문이다.

새가 날개를 위로 올리면 깃털의 면적이 큰 쪽이 아래로 향해서 공기가 날개 사이로 미끄러진다. 이를 통해 새는 날개가 받는 저항을 줄인다. 반대로 날개를 아래로 내리며 공기를 내리누르는 동작에서는 날개 깃털이 온전히 서로 붙은 상태로 넓은 막을 만들어 공기를 내리누르는 힘을 최대로 높인다. 그러면 새의 날개에서 양력이 만들어진다. 이 기능은 이륙할 때 가장 중요하다. 나는 속도가 느린 상태에서도 공기를 잡아채서 끌어당기며 양력을 얻어 상승할 수 있다.

깃털의 각도에 따라 비행 방식도 달라진다

날개 끝을 지나면서 아래로 향하는 기류의 흐름은 날개를 위로 미는 힘으로 작용해서 상승하는 힘이 된다. 새의 몸통 주변을 흐르는 공기의 흐름에서도 상승기류가 조금은 만들어진다. 새가 날개를 반만 접은 상태에서 짧게 날아가는 동안에는 특히 그렇다.

앞서 살펴보았듯, 양력은 몸의 표면을 지나가는 공기에서 다가오는 유체의 방향에 수직으로 작용하는 힘이다. 중력에 대응하는 상승 방향이고, 항력과는 대조적이다. 항력은 공기의 흐름과 평행한 방향으로 생겨나는 힘으로 공기역학적으로 움직이는 방향과 반대로 생기는 힘이어서 에너지 손실이 생긴다.

양력이 생기면 항력도 유발된다. 그러면 날개 끝에 소용돌이가 생겨나 움직임에 저항이 일어난다. 비행기도 그렇다. 이 소용돌이 때문에 몸체가 많이 흔들릴 수 있고 그로 인해 에너지가 많이 든다. 그런데 새가 날개 끝의 깃털을 세우면 날개 길이가 그다지 길지 않아도 안정적인 비행이 가능하다.

독수리처럼 몸집이 크고 활공하는 새들은 날개가 길고 넓다. 이런 새들은 날개 끝을 세워서 저항을 줄인다. 이 원리를 이용해서 글라이더를 만들면 저항을 줄여서 최대한의 양력을 얻을 수 있다. 또한 새는 몸과 날개의 모양이 유선형으로 되어 항력을 줄인다.

날개에 발톱이 있는 새도 있다. 남미에 서식하는 호아친의 새끼는 눈에 띄는 발톱을 갖고 있는데, 가파른 땅을 기어오를 때 사용한다. 날개의 발톱은 대부분의 경우 성장하면서 사라진다. 그런데 아프리카 남부에 사는 뱀잡이수리, 기러기목에 해당하는 외침새, 뜸부기, 타조, 칼새 등은 발톱을 성체가 된 다음에도 갖고 있다.

깃털 색이 화려한 이유

깃털이 차분한 색깔을 띠고 있는 새들도 물론 많지만, 놀라울 만큼 오묘한 빛깔의 깃털을 지닌 새들은 전 세계에 무려 1만 종류가 넘는다. 이는 독특한 깃털 색으로 이성을 유혹해 짝으로 선택받는 성 선택sexual selection의 결과물이다. 독특한 깃털 색은 암수가 다른 색깔로 구별되는 이차성징으로 나타난다.

성 선택은 깃털의 발달에 중요한 역할을 했다. 새들의 습성과 독특한 깃털 색은 많은 연관이 있다. 암컷은 새끼를 돌보는 역할에 좀 더 치중해서 천적의 눈에 띄지 않고 잡아먹히지 않기 위해 깃털 색이 둥지와 주변 환경과 잘 섞여 눈에 별로 드러나지 않는 단조로운 색을 띤다. 반면 수컷은 암컷에게 선택받기 위해 더 화려해지는 경우가 많다.

깃털 색이 밝고 화려하면 포식자의 관심을 더 받을 것 같은데 어째서 다양한 색을 지니게 되었을까? 새들은 나무나 꽃보다도 훨씬 더 화려하고 다양한 색을 띠고 있기도 하다. 깃털이 화려하다고 해서 생존에 반드시 불리한 것은 아니다. 주변과 비슷한 투박한 색이 천적의 눈에 띄지 않아 잘 살아남아 번성한 새도 있지만, 이성에게 선택받아 자손 번성에 성공하면서 결과적으로 번성한 새도 있다. 이런 새들은 특색 있는 깃털을 지녔을 때 개체 수가 늘어나는 확률이 커지면서 점점 더 화려한 외모로 번성하게 되었다.

깃털에 들어 있는 색소의 역할

새들은 색깔을 매우 잘 인식한다. 많은 새가 갖고 있는 특이한 깃털 구조는 자외선을 다양하게 반사하는데, 자외선 범위의 파장을 구분하는 많은 새는 사람들이 보는 것보다 훨씬 더 다양한 색으로 자신들을 구분한다.

깃털 색은 깃털에 어떤 색소가 들어 있는지, 또는 깃털 구조가 어떤 파장의 빛을 반사하는지에 따라 다른 빛깔로 보인다. 깃털 색은 때때로 색소와 깃털 구조의 영향을 모두 받아 나타나기도 한다. 예를 들어 녹색 깃털을 가진 앵무새의 경우, 깃털에 노란 색소가 있는데 파란색이 반사되는 특징이 덧입혀지면 녹색으로 보인다.

깃털에 들어 있는 색소는 3가지 다른 종류가 있는데, 멜라닌, 카로티노이드, 포르피린이라는 색소 입자다. 깃털 색소의 대부분은 멜라닌과 카로티노이드인데 여기에 포르피린과 같은 다른 색소가 곁들여진 경우가 있다.

깃털에 색소가 입혀진 구조를 자세히 살펴보자. 멜라닌은 새의 피부와 깃털에 함유된 작은 색소 입자다. 갈색과 베이지 색을 띠는 친화멜라닌, 검정과 회색을 띄는 진멜라닌으로 구분되며, 이들의 농도가 진하거나 옅거나 또는 어느 위치에 있는지에 따라 다른 색이 된다.

멜라닌은 깃털에 색깔을 입히는 것 이상으로 중요한 기능을 한다. 깃털의 강도에 관여한다는 점 때문이다. 깃털은 바람을 맞아 날면서 낡아지고 찢어지기 때문에 낡은 깃털로 덮여 있던 모낭의 같은 자리에서 새로운 깃털이 꾸준히 자라 원래 있던 깃털을 대체한다. 이 과정이 바로 털갈이다. 새들은 일생 동안 주기적으로 털갈이를 한다. 깃털은 피부의 특정한 관을 따라 자라나는데 이 통로가 새들의 종류에 따라 다르게 배열되어 있다. 솜털인 속털은 그 틈새의 빈 공간에서 돋아난다.

멜라닌 색소가 있는 깃털은 마모되는 속도가 느려서 낡고 헤지는 것에 대해 저항력이 있다. 멜라닌 색소가 많아지면 깃털의 저항력도 늘어난다는 글로거의 법칙Gloger's rule에 따르면 진한 색을 띠고 있는 깃털이 덜 닳을 뿐 아니라 세균에 대해서도 좀 더 저항력이 있는 것으로 밝혀져 있다.

즉 깃털이 멜라닌 색소를 갖고 있으면 멜라닌이 없는 것보다 잘 닳지 않고 더 튼튼하다. 반대로 색소가 아예 없는 깃털은 가장 약한 깃털이 된다. 그렇기 때문에 모든 하얀 새는 날개에 검은 깃털이 있거나 날개 끝이 검다.

> **글로거의 법칙**
>
> 적도에서 거리가 멀어지고 연평균 기온이 감소할수록 온혈동물의 개체 수가 줄어든다는 이론. 이에 따르면 온난하고 습도가 높은 지역에 사는 동물은 색소 침착이 두드러진다. 인종을 예로 들어본다면, 적도 지역에는 주로 흑인이 살아 왔고 백인은 살아남기 어렵다.

바람을 타고 날면서 깃털이 닳거나 찢어지는 일을 막기 위해 깃털 가장자리는 멜라닌 색소를 더 많이 갖고 있어서 좀 더 검다.

카로티노이드는 빨강, 노랑, 오렌지 색깔을 띠게 한다. 붉은 색소의 카로티노이드는 붉은 깃털을 갖고 있는 새들에게서 볼 수 있다. 카로티노이드에 멜라닌 색소가 더 들어가면 2가지 색소가 작용해서 올리브그린 같은 색이 생겨난다. 이밖에도 색소의 농도 차이에 따라 다양한 색으로 표현될 수 있다.

포르피린은 변형된 아미노산으로 만들어진다. 포르피린은 분홍색, 갈색, 빨간색, 녹색 범위의 색을 만들어 내고, 자외선에 노출되면 밝은 빨간색으로 빛난다. 포르피린은 몇몇 올빼미나 비둘기 그리고 가금류야생의 것을 길들이고 품종을 개량하여 키운 조류. 닭, 오리, 메추리 등이 있다에게서 발견된다. 부채머리새에서 나타나는 색소도 포르피린 이다.

무지갯빛 깃털의 비밀은?

깃털의 색은 색소뿐 아니라 깃털의 구조에 의해서도 형성된다. 깃털에 있는 단백질이 빛을 반사하면 여러 색깔이 만들어지는데, 무지개 빛깔로도 나타난다.

벌새의 목 깃털은 무지개색을 띠고 있는데, 이는 깃털에 돋아난 작은 깃가지의 미세 구조가 빛을 반사한 결과다. 마치 프리즘이 빛을 다양한 색으로 쪼개 놓는 것과 같은 현상인 셈이다. 벌새의 깃털은 프리즘처럼 보는 각도에 따라 빛깔이 달라진다.

깃털의 돌기 속에 있는 작은 공기주머니는 들어오는 빛을 산란시켜서 파란빛의 파장을 반사하기도 한다. 파란색 깃털은 거의 대부분 이런 방법으로 만들어진다. 파랑새의 푸른 깃털은 깃털에 있는 케라틴 단백질의 구조에 따라 빛을 반사한다. 푸른색만 반사하고 다른 색들은 모두 흡수한 결과다.

파란색과 밝은 녹색을 띤 많은 앵무새는 층층이 되어 있는 깃털이 층마다 구조가 달라서 빛을 다르게 반사한다. 여기에 멜라닌 색소가 섞여 있으면 빛을 흡수하는 정도가 달라진다.

이렇듯 갖가지 색소와 구조의 조합으로 색소의 농도가 달라진다. 몇몇 새의 깃털 색깔은 꽁지에 있는 샘에서 분비되는 기름으로 인해 색깔이 변형되면서 특이한 색깔로 드러나기도 한다. 또 흔한 것은 아니지만 캐나다기러기, 미국까마귀, 집참새처럼 흰색이 여기저기에 누더기처럼 덕지덕지 붙어 있는 경우도 많다.

그렇다면 하얀색 깃털은 어떨까? 깃털 구조가 모든 파장의 빛을 반사시켜 하얀색으로 보이는 것일 수도 있고, 멜라닌 색소가 부족한 결과일 수도 있다.

우리 눈에는 같은 색으로 보이는 암컷과 수컷일지라도 서로 깃털 구조가 다르다. 그래서 자외선도 다르게 반사한다. 새들은 이를 통해 자기들끼리 암수를 구분한다. 우리는 자외선 범위의 파장을 못 보지만 새들은 색을 더 자세히 보고 세밀한 차이를 알아차린다.

깃털을 젖지 않게 하는 미립자

몇몇 새는 거친 깃털 밑에 미립자가 있다. 이 입자들은 계속 자라나면서 커지다가 작은 깃가지 끝에 이르면 터져 나와 다양한 역할을 한다. 온몸의 깃털로 흩어져 퍼지면서 깃털에 물이 스며드는 걸 방지해 주고 유연제 역할도 한다. 미립자가 있는 위치도 새들마다 다르다. 뻣뻣한 깃털 아래에 갖고 있는 새도 있고, 깃털 밑의 부드러운 속털에 갖고 있는 종류도 있다.

비둘기나 앵무새는 깃털 전체로 미립자가 흩어지지만, 왜가리나 개구리입쏙독새는 가슴이나 배 또는 옆구리 군데군데에 미립자가 퍼진다. 왜가리는 자신의 부리로 깃털 속의 미립자를 터트려 온몸에 퍼트린다. 반면에 앵무새의 일종인 코카투는 머리를 박아서 미립자를 분가루 묻히듯 머리털에 묻혀 퍼트린다.

그런데 미립자를 통한 깃털의 방수 기능은 사람들이 버린 기름과 같은 오염 물질에 노출되면 성능이 떨어진다.

깃털은 새의 몸 전체를 덮고 있지만, 대부분의 새의 피부에는 사실 깃털이 골고루 박혀 있지 않다. 그러나 물속에서 헤엄치는 펭귄이나 기러기목에 속하는 외침새, 타조와 같이 날개가 퇴화해서 지상에서 생활하는 새들의 몸에는 깃털이 피부에 더 골고루 퍼져 있다.

물속을 날아다니는 새, 펭귄

펭귄은 귀여운 외모로 많은 인기를 누리고 사랑을 받는 새다. 그런데 놀라운 능력 또한 아주 많다. 펭귄은 물속에 잠수해서 헤엄치고 사냥하기 위해 가슴근육이 아주 잘 발달해 있다. 두툼한 몸으로 추위를 이기고, 바다에서는 단단한 뼈로 수압을 견디며 깊이 잠수하며 도발적으로 헤엄친다.

펭귄이란 이름은 원래 날지 못하는 새였던 큰바다오리에 붙였던 이름이다. 큰바다오리는 북반구에 살던 펭귄처럼 생긴 새였는데, 19세기에 선원들에게 쉽게 잡혀 식탁에 올랐고 과도하게 사냥되면서 멸종했다.

펭귄은 날지는 못하지만 수중 생활에 아주 잘 적응해 남반구에 살고 있다. 날개는 지느러미발 구실을 하는데 날지 못한다는 이유로 얕보아서는 안 된다. 펭귄의 날개는 놀랄 정도로 민첩하고 효율적으로 움직인다. 펭귄 중에서도 가장 몸집이 큰 황제펭귄이 헤엄치는 속도는 보통 시속 6킬로미터에서 12킬로미터 정도고, 아주 빠르게 움직이는 경우는 시속 32킬로미터에 달하는 경우도 있다. 황제펭귄은 잠수 실력 실력도 출중하다. 수심 565미터 깊이까지 잠수한 기록이 있다.

물속에서의 움직임만 효율적인 게 아니다. 육상에서 걷는 걸음 또한 에너지 효율이 아주 높다. 속도가 느리고 뒤뚱거리는 펭귄의 걸음걸이는 오뚝이의 무게추가 제자리를 찾아 왔다 갔다 하는 모습과 닮았다. 이런 걸음은 에너지 소모가 아주 적어서 굶주린 상태에서도 오래 걸을 수 있다. 가파르고 바위가 있는 지형에서 펭귄은 두 발로 점프할 수도 있다.

바닷속을 잠수해 먹이를 사냥하는 새가 펭귄만 있는 것은 물론 아니다. 바다오리는 하늘을 나는 능력도 있는 데다 잠수하고 헤엄도 칠 수 있다. 그런데 잠수 시간은 1분을 넘기지 않고 수심 30미터 깊이로 얕게 잠수한다. 그래도 180미터 깊이까지 2분간 잠수한 기록도 있으니 바다오리의 실력도 만만치 않다.

바다오리는 머리와 날개 등판이 까맣고 배가 하얘서 뒤와 앞 색깔이 흑백이라 얼핏 보면 펭귄 같아 보이기 한다. 부리가 얇고 가늘고, 무게는 1킬로그램 정도다. 그런데 하늘로 향해 이륙할 때 민첩성이 떨어진다. 몸에 비해 날개가 짧은 까닭이다. 비행 속도

바다오리는 머리와 날개 등판이 까맣고 배가 하얘서 얼핏 보면 펭귄과 닮았다.

는 시속 80킬로미터 정도로 빠르지만 날갯짓을 많이 해야 해서 에너지 낭비가 크다. 오히려 물속에서 더 유연하고 여유롭게 헤엄친다. 바다오리는 북극해 연안에서 시끄럽게 큰 무리를 만들어 번식한다. 암컷은 좁은 절벽 돌출부에 알을 하나 낳는다.

가마우지도 나는 능력을 가진 데다 잠수하면서 먹이를 사냥한다. 몸 크기는 바다오리보다 작고 깃털은 전체가 어두운 색을 띠고 있다. 짧은 날개로 빠르게 파닥거려야 해서 비행에 에너지가 많이 들지만 물속에서 헤엄칠 때는 좀 더 여유롭다. 해안가 절벽이나 나무 위에 둥지를 만든다.

남아메리카 동태평양의 갈라파고스섬에 서식하는 가마우지는 나는 능력을 상실한 단 한 종의 새다. 가마우지 중에서 가장 몸집이 큰 새로 해저에서 물고기, 뱀장어, 문어 등을 사냥해 먹는다. 그런데 다른 종류의 가마우지들도 공기보다 밀도가 높은 물속에서 헤엄치며 사냥하려면 긴 날개를 가질 수가 없기에 하늘을 오랫동안 나는 능력은 부족하다.

강한 근육과 넓은 어깨뼈가 있는 이유

펭귄은 날아다니는 다른 새와 비교해 보면 가슴뼈와 쇄골이 다른데, 이는 환경에 따라 날개를 움직이는 근육에 필요한 것이 다른 까닭이다.

날 수 있는 많은 새는 V자형 쇄골을 비행할 때 버팀목으로 삼는다. 예외적으로 덤불새, 큰부리새, 오색조, 올빼미, 앵무새 등에서는 이 V자형 쇄골이 마치 가느다란 끈처럼 골화되어 흔적만 남아 있다. 하지만 이 새들에게도 충분한 비행 능력이 있다. 두루미나 매와 같은 새들의 V자형 쇄골은 더욱 크고 뻣뻣해서 강력한 스프링 역할을 한다. 타조처럼 날 수 없는 새는 가슴근육과 쇄골이 발달되지 않았지만, 걸어 다니는 새와 날아다니는 새들의 가슴뼈는 길고 높다. 한편 헤엄치는 새들은 가슴뼈가 넓다. 그 이유는 무엇일까?

공중을 나는 새는 공기를 밀어 상승하기 위해 아래로 내리누르는 날갯짓이 중요하다. 위로 올리는 날갯짓은 아래로 내리는 날갯짓을 하기 위한 움직임에 해당한다. 그런데 펭귄의 경우는 날개를 위로 뻗는 움직임도 중요하다. 그래서 어깨뼈가 크게 넓어졌다. 그 이유는 물이 공기보다 밀도가 높기 때문이다. 날개로 물을 밀어내는 힘과 물이 밀어내는 힘, 즉 작용과 반작용의 힘이 헤엄칠 때 영향을 미친다. 위로 올리는 움직임과 아래로 내리는 움직임에서 모두 추진력을 얻는다. 날개를 위로 올릴 때도 물을 밀게 되면서 앞으로 나아가는 힘을 얻을 수 있다.

물속에서는 공기 중에서 날갯짓하는 것보다 훨씬 더 많은 힘이 든다. 그런 이유로 펭귄에게는 아주 강한 근육이 넓은 어깨뼈에 붙어 있다. 펭귄의 어깨뼈는 한쪽은 얇은 손잡이 같지만 나머지 부분은 크고 넓은 테니스 라켓처럼 생겼다. 날아다니는 새는 이에 비하면 어깨의 근육이 크지 않고 견갑골도 얇다. 초기 펭귄의 뼈는 그리 넓지 않았다. 그러다가 점차 위쪽으로 날개를 움직이는 힘을 기르며 오랜 세월에 걸쳐 어깨뼈가 넓어진 것으로 보인다.

수천만 년 전 초기의 펭귄은 오늘날의 펭귄보다 해양 생활에 잘 적응하지 못했다. 나는 능력도 별로 시원찮아서 뚜렷한 개성을 드러내지 못했다. 짧은 날개를 갖고 잠수할 수는 있었지만 바닷속 깊이 들어갈 수는 없었다. 주로 발을 이용해서 물 표면에서 헤엄쳤다. 수천만 년 전의 초기 펭귄과 비교하면 현대 펭귄은 잠수하며 먹이를 잡는 능력이 놀랄 만큼 발달했다.

펭귄은 날개를 접을 수 없다. 그러나 날개가 편평하고 아라비아 칼처럼 생겨 힘차게 노를 저어 물속을 빠르게 헤엄칠 수 있다. 펭귄은 다른 육상동물보다 뼈의 개수가 적은데, 유연성보다는 힘찬 날갯짓을 위해 뼈들이 융합되고 골화되었기 때문이다.

펭귄의 뼈는 왜 밀도가 높을까?

앞서 설명했듯 하늘을 나는 새는 뼈가 얇고 내부가 벌집 모양으로 되어 있다. 속이 비어 있지만 단단하다. 급상승하고 활공하는 새는 특히 속이 많이 비어 있다. 그러나 잠수가 가능한 다양한 새들의 뼈는 속이 빈 정도가 덜하다. 뼈의 모든 공간이 공기로 차 있지는 않다. 타조 같이 날지 못하면서 육상에서 달리는 새는 이

고생물학자들은 펭귄이 수천만 년 동안 지속적으로 뼈의 밀도를 높여 무거워졌고 날 수 있는 능력은 퇴화되었다고 말한다.

들보다도 더 뼈에 빈 공간이 적다. 그래도 목뼈나 대퇴에는 빈 공간이 많아 공기로 차 있긴 하다.

그런데 펭귄 뼈는 밀도가 새 중에서 가장 높다. 뼈의 밀도가 낮으면 무게를 줄여 날기는 좋지만, 물속으로 잠수할 때 자꾸 뜰 수 있기 때문이다. 만약 뼈의 무게가 가볍다면 이를 극복하기 위해 좀 더 수고스럽게 물속을 파고들어야 한다.

고생물학자들은 펭귄이 수천만 년 동안 지속적으로 뼈의 밀도를 높이면서 무거워졌고 하늘을 나는 능력은 퇴화되었다고 말한다. 육상에 살다가 해양생물로 전환한 동물들의 뼈가 무거워지는 현상은 일반적인 경향으로, 뼈 조직의 차이에 의한 것이다. 뼈가 단단히 골화되면서 전체적으로 밀도가 높아졌고, 뼈에 공기가 차 있는 공간이 줄어 잠수 상태에서 물에 뜨는 부력을 낮춘다.

펭귄 중에서도 가장 몸집이 큰 황제펭귄은 다른 바닷새보다 6배 이상 깊이 잠수가 가능하다. 수심 500미터 이상으로도 잠수할 수 있다. 대기압의 50배가 넘는 어마어마한 수압을 물속 사방의 모든 방향에서 견뎌 내야 하기 때문에 뼈의 강도가 이름처럼 황제급이다.

물속 환경과 몸 안의 압력 차가 커지면 신체 조직이 피해를 입을 수 있다. 그러나 펭귄의 뼈가 단단해지면서 높은 수압을 견디는 잠수함 같은 역할을 하게 되었다. 그래서 깊은 잠수로 인해 펭귄이 목숨을 잃는 위험이 사라졌다.

펭귄의 뛰어난 잠수 실력은 뼈가 높은 압력을 견디도록 계속 진화한 덕이다.

펭귄과 앨버트로스가 친척이라고?

분자생물학적인 연구 결과에 따르면 펭귄의 조상은 대략 7,100만 년 전 중생대 말쯤에 출현했다고 밝혀져 있다. 초기 펭귄의 조상은 공룡이 번성하던 중생대에 비교적 서늘한 기후였던 지구 남반구에서 나타났다. 하늘을 나는 능력을 갖추고 바다와 땅을 오가면서 서로 다른 서식지를 경험하며 살았다.

그런데 펭귄과 가장 가까운 친척은 유전학적으로 보면 놀랍게도 앨버트로스와 바다제비다. 펭귄은 7,100만 년쯤 전에 앨버트로스, 바다제비 등이 포함되어 있는 바다제비목에서 갈라져 나온 생물로 밝혀져 있다. 이들은 공통적으로 일생의 대부분을 대양에서 보낸다. 초기 펭귄은 바다제비를 닮았을 가능성이 크다.

펭귄은 앨버트로스와 부모가 같지만 앨버트로스는 전형적인 새의 몸매를 유지하고 있고 펭귄의 생김새는 영 딴판으로 진화했다. 그럼에도 부리 주변의 뼈 배열이나 바닷물을 그냥 마실 수도 있는 능력은 서로 닮았다.

앨버트로스와 펭귄의 공통점은 섭취한 소금을 배출하는 기능이 활발하다는 점이다. 소금물이 없는 곳에 사는 다른 새들은 눈구멍 위쪽에 넓게 확장되어 있는 코의 샘이 아무 역할을 하지 못한다. 그러나 펭귄, 앨버트로스, 바다제비 등의 코의 샘은 콩팥 같은 기능을 한다. 마신 바닷물과 해양생물을 통해 섭취한 소금을 이 샘이 활발히 제거하기 때문에 담수를 따로 먹을 필요가 없다. 코를 통해 부리 위쪽의 콧구멍에서 해수보다 더 진한 5퍼센트 정도의 염분을 배출한다.

앨버트로스와 펭귄은 서로 친척이지만 완전히 다른 삶을 유지한다. 짧은 날개로 날아다니고 70미터 아래 물속으로 잠수하는 바다제비와 초기 펭귄의 습성 역시 별다르지 않았다. 세월이 흐르며 펭귄은 점차 잠수에 그 어떤 새보다 더 잘 적응했고 대신에 하늘을 나는 능력을 잃게 되었다.

펭귄이 물 표면에 머무는 시간을 줄이고 잠수하는 시간을 늘려온 데는 이유가 있다. 얕은 깊이에서는 탐탁한 먹거리가 별로 없는 데다 먹이가 단번에 잡히지도 않아서 사냥 시간이 길어졌다. 잠수 깊이와 잠수 시간, 그리고 헤엄치는 속도는 펭귄마다 다르며 펭귄은 잠수 방식을 상황에 따라 조절하고 있다.

같은 부모 밑에서 태어난 펭귄과 앨버트로스의 운명은 엇갈렸다. 펭귄은 물속으로 점점 더 깊숙이 잠수하며 바닷속의 풍부한 먹이를 실컷 먹으며 헤엄치는 데 집중했다. 앨버트로스는 바다 바람을 타고 하늘을 크게 나는 상쾌한 삶에 집중했다. 수천만 년의 시행착오 끝에 서로 다른 모습으로 진화한 둘은 전혀 다른 방식으로 생태계에 자신의 존재를 알린다.

펭귄의 깃털은 어떤 역할을 할까?

짧고 윤기 나는 펭귄의 깃털은 완벽한 잠수복이자 방한복이다. 펭귄은 이를 땅이나 바다를 오갈 때 잘 활용한다. 깃털 모양은 넓고 평평하면서 끝은 창처럼 생겼다. 매끄러운 깃털이 빽빽하게 서로 겹쳐서 펭귄 피부를 덮고 있는데, 촘촘하기로는 새들 중 최고다. 그래서 깃털만으로도 열을 뺏기지 않는 효과가 생기는 데다 두꺼운 지방층까지 더해져 펭귄은 어떤 자극에도 아랑곳하지 않고 체온을 유지할 수 있다.

방수 기능이 탁월한 깃털 하나하나가 서로 맞물려 있어서 물속에서 효율적인 장벽을 만든다. 그래서 물이 피부로 스며들지 않는다. 깃털을 움직이는 아주 작은 근육이 깃털을 옆으로 눕히면 피부와 솜털 층에 물이 들어가지 않는 방수 상태가 된다. 여기에 펭귄이 깃털을 부리로 다듬으면 깃털이 기름지게 되어 방수 기능이 더욱 잘 유지된다.

헤엄치는 동안에는 깃털 주변의 근육이 깃털이 몸에 바짝 붙도록 잠수복처럼 꽉 잡아 줘서 방수층이 완벽해진다. 또한 이 근육은 깃털 안에 공기가 들어가지 않도록 해서 둥둥 뜨지 않고 잠수할 수 있게 해주는 이점이 있다. 깃털 속에 갇혀 있던 공기는 잠수할 때 압축되고 부리로 다듬으면서 재배열된다. 펭귄이 차디찬 물에서도 체온을 유지할 수 있는 건 다 이 깃털로 보온 기능을 겸비한 완벽한 방수층을 만들었기 때문이다.

반대로 육지에 있을 때는 깃털을 움직이는 근육이 짧은 깃털을 바짝 세워 붙든다. 그러면 깃털 틈에 두꺼운 공기 층이 생긴다. 또한 깃털 사이사이에 있는 가는 실 같은 솜털이 또 다른 보온 층을 이루어서 따스한 공기를 가두게 된다. 그래서 펭귄의 깃털은 추운 날씨에 최고의 보온력을 갖는다. 사실 속털만으로도 보온은 80퍼센트 이상 가능하다. 깃털은 바람이 거의 통과할 수 없는 철저한 방풍 역할을 해줘서 펭귄표 털 패딩 자켓이 된다.

깃털에는 아주 작은 기포들이 있다. 이 기포가 마찰을 줄여 줘서 펭귄은 시속 32킬로미터까지도 헤엄칠 수 있다. 여느 새들의 깃털은 다른 동물의 털이나 비늘, 발굽, 손발톱처럼 외피를 덮고 있으면서 몸을 보호하고 체온을 유지하며 몸이 젖는 것을 막아 준다. 그리고 하늘을 날 때도 도움을 준다. 그런데 펭귄의 깃털은 물속에서 저항을 줄여 주는 역할까지 한다. 지느러미발 역할을 하는 날개는 아주 짧은 깃털로 덮여 있어 물이 피부에 스며들지 못하게 막고 물속에서 가라앉지 않도록 해준다.

펭귄의 깃털과 위장 능력

펭귄의 몸 색깔은 앞과 뒤가 뚜렷이 대조된다. 펭귄은 이를 통해 물속에서 자신을 위장한다. 물속 생활에 승부수를 던지려면 숨을 구석도 마련해야 하는데 깃털 색깔로 몸을 숨긴다. 몸 앞은 하얀데 등판과 날개는 검은색이어서 대조적인 백과 흑의 음영이 있다. 범고래나 표범무늬바다표범과 같은 포식자는 물 아래쪽에서 위를 보기 때문에 물 표면의 밝은 빛이 반사되면 펭귄의 하얀 배와 구분이 어렵다. 또 등판에 있는 어두운 깃털은 위에서 보면 어두운 바닷물에 섞여 잘 눈에 띄지 않는다.

그런데 펭귄 5만 마리 중 1마리꼴로 검정색이 아니라 갈색이나 좀 더 흐린 색을 띤 펭귄이 있다. 이런 색소 부족 현상을 이사벨라 또는 이사벨리니즘이라 한다. 이사벨리니즘은 색소결핍증인 알비니즘과는 다르다. 매우 드물긴 해도 색소가 결핍되어 앞뒤가 모두 하얀색인 펭귄이 태어날 때도 있다.

색소가 부족한 펭귄은 위장을 잘하지 못해서 포식자에게 잘 잡아먹히고 먹잇감에게도 잘 띄어서 먹거리를 구하기가 고달프다. 그래서 평균보다 수명이 짧고 짝짓기 상대로 선택되지 못해 자손을 남기지 못한다. 그래서 밝은 색 깃털을 가진 펭귄은 드물다.

부화된 새끼들의 몸에는 점점 솜털 같은 깃털이 두툼하게 덮이는데, 이 깃털은 공기층을 두껍게 품고 있어서 보온이 아주 잘된다. 이 깃털은 어른들의 깃털보다 찬 바람을 더 잘 막는다. 그러나 방수 기능이 없어서 건조한 상황에서만 효율적이다. 새끼 펭귄은 차가운 물에는 들어가지 못한다.

덜 자란 새끼들은 물속에 들어가지 않기 때문에 문제가 되지 않는다. 어린 펭귄들이 집단을 이루고 있을 때는 깃털의 보온 기능이 너무 뛰어난 나머지 문제를 일으킬 때도 있다. 기온이 상대적으로 높은 지역에서는 열 때문에 스트레스로 어린 펭귄들이 고생하는 경우도 있다.

반대로 얼음이 녹거나 비가 쏟아지면 방수 기능이 없는 깃털의 보온 기능이 떨어져 어린 펭귄들이 물에 흠뻑 젖기도 하고 저체온증으로 죽기도 한다. 여러 단점이 있긴 하지만, 어린 펭귄의 깃털은 부모와 떨어져 있을 때 서로 모여 있으면서 체온을 유지하기에는 더할 나위 없이 성능이 좋다.

새끼들이 독립할 시기가 다가오면 방수 기능이 완벽한 깃털이 필요하다. 새끼들의 털갈이는 꼬리부터 복부의 순서로 이루어지는데, 기존의 솜털은 새로 자라는 털에 붙어서 지속적인 단열과 보온 효과를 낸다.

털갈이는 어른 펭귄도 한다. 한 살이 안 된 새끼들의 첫 털갈이가 끝나고 난 다음 해마다 털갈이를 한다. 털갈이 속도는 다른 새에 비하면 빠르게 진행된다. 황제펭귄의 경우, 남극의 여름 동안에 깃털 색이 달라진다. 짙은 깃털 색이 바래지면서 갈색을 띠는데, 오래된 깃털이 완전히 떨어지기 전에 총 길이의 3분의 1까지 피부 밑에서 이미 자란 깃털이 피부 바깥으로 바로 드러나기 때문이다.

털갈이를 할 때도 깃털이 계속 몸을 덮고 있으므로 펭귄은 체온을 잃지 않을 수 있다. 새 깃털은 다 자라나면서 오래된 깃털을

새끼 펭귄의 깃털은 다 자란 펭귄의 깃털보다 보온 기능이 더 뛰어나지만, 방수 기능이 없다. 그래서 새끼 펭귄은 차가운 물에는 들어가지 못한다.

밀어낸다. 바닷속에서도 절연 기능과 방수 기능이 발휘되어야 하기 때문에 깃털은 해마다 정기적으로 새롭게 교체된다. 행여나 낡은 깃털로 인해 물이 스며들거나 바람이 스며들어 당혹스런 일이 생기면 한순간에 끝이기 때문이다.

털갈이 기간 동안 어른 펭귄들은 체온 손실이 많아서 괴롭다. 그래서 털갈이에 앞서 피하지방의 양을 늘리기 위해 바다로 나가 엄청난 양의 먹이를 먹는다. 털갈이를 하는 동안 방수 기능을 잃기 때문에 물에 흠뻑 젖을 수 있어서 모든 새 깃털이 다 자라날 때까지 물에 들어갈 수가 없다.

따라서 털갈이 기간은 단식 기간이기도 하다. 깃털을 잃어버리면 보온 기능이 떨어지므로 펭귄은 체온을 높이기 위해 대사 속도를 높여야 한다. 게다가 단백질 성분인 새 깃털이 자라려면 에너지가 필요하다. 필수아미노산 공급도 있어야 한다. 이래저래 양분을 계속 쓸 수밖에 없는 상황이다. 그래서 펭귄은 미리 충분한 양분을 먹어 놓는다.

윤기가 쫙 나고 방수 기능도 훌륭한 새 깃털로 덮이면 새 옷 입은 깨끗한 펭귄으로 새롭게 태어난다. 그 후 깃털에 있는 방수기능은 펭귄이 깃털을 끊임없이 부리로 다듬으면서 유지된다.

꽁지깃에 있는 샘에서 만들어진 기름이 펭귄이 깃털을 부리로 다듬는 동안 온몸에 퍼지고, 또한 깃털은 눈에 보이지 않는 작은 고리로 서로 맞물려서 재편성된다. 펭귄은 눈 주변과 머리에 있는 깃털은 발로 가다듬는다. 때로는 서로 부리를 다듬어 주기도 한다. 이 방식은 부리나 발이 닿기 어려운 곳을 서로 다듬어 줄 수 있을 뿐 아니라 암수 한 쌍의 행동이 되기도 한다. 그렇다고 모든 펭귄이 서로 부리로 털을 가다듬어 주지는 않는다.

펭귄은 물속에서 어떻게 숨을 쉴까?

하늘을 나는 새들은 들숨 때 받아들인 공기를 공기주머니에 저장하고 날숨 때 허파로 산소를 전달한다. 그래서 들숨 때나 날숨 때 모두 신선한 공기가 한 방향으로 흐른다. 펭귄도 폐 양쪽에 정교한 기낭_{조류의 폐에 붙어 공기를 채우고 있는 커다란 주머니}이 있다. 압력이 높은 수심에서는 기낭이 쭈그러든다. 잠수 전에 숨을 들이쉬면 공기가 폐에 머무는 게 아니고 기낭에 머문다. 그래서 압력이 달라져도 폐에 잠수병을 일으키는 기포가 생기지는 않는다.

> **잠수병**
>
> 물속 깊이 잠수했다가 감압_{주변 압력이 줄어드는 현상} 없이 빠르게 올라올 때 기압 차이 때문에 생기는 병.

　펭귄은 몸 안의 이산화탄소를 빨리 내보내고 공기 중의 산소를 받아들일 수 있도록 재치 있는 방법을 터득했다. 바로 부리를 크게 벌렸다 꽉 닫는 순간을 유지하는 것이다. 숨 쉬는 순간마다 생존에 필요한 힘을 받아들이는 펭귄은 다른 새들처럼 숨 쉴 때 입과 코로 공기를 들이마시는데, 한 번에 공기를 한껏 들이마셔 채우기 때문에 다른 새들보다는 호흡하는 횟수가 적다. 물 위로 올라와 부리를 크게 벌려 한꺼번에 많은 공기를 들이켜고 나서 부리를 닫으면, 호흡기 내의 부피는 커지고 공기 흐름은 느려져서 폐에서 가스 교환이 최대로 빈번하게 이루어진다. 그러면 깊은 잠수를 마치고 산소가 떨어진 상태에서 이산화탄소를 빨리 내보내고 산소를 다시 빠르게 받아들이기에 좋다.

잠수하다가 숨을 쉴 때는 돌고래처럼 수면 바로 아래서 주기적으로 위로 팔짝팔짝 뛰어올라 짧은 호흡을 하고, 입수 시에는 숨을 크게 들이마셔 최대한 산소가 많아지도록 한다. 잠수하지 않을 때는 그다지 숨을 크게 들이마시지는 않는다. 잠수를 시작할 때는 날개를 파닥거려 물 위로 뜨지 않도록 하지만 물 위로 올라올 때는 몸속의 공기 부피를 확장해서 쉽게 올라오는 요령이 있다.

산소 공급이 원활하지 못한 물속에서 펭귄은 뇌와 심장이나 폐와 같은 꼭 필요한 기관에만 산소를 공급한다.

펭귄의 근육은 산소가 없는 상태에서도 계속해서 일하고 움직일 수 있는 탁월한 능력이 있다. 펭귄의 근육 조직은 미오글로빈_{포유류의 근육 조직에 있는 산소 결합 단백질}에 결합된 산소를 쓰지만 오랜 잠수한 상태에서는 그마저 부족해서 산소 없이 호흡하는 무산소 호흡을 일상적으로 하게 된다.

날개 근육에 젖산이 축적되어 지치면 움직이기 어려워지고 물에 그냥 빠져 익사하는 펭귄들이 수두룩하겠지만, 펭귄의 몸속에 있는 효소가 젖산을 중화한다. 그래서 무산소 상태에서도 펭귄은 별 탈 없이 무기 호흡으로 생긴 에너지로 힘차게 날개 근육을 움직인다.

어떻게 산소가 없는 상태에서 호흡과 잠수가 가능할까? 식물이든 동물이든 온몸의 세포는 당을 산소로 태워 에너지를 얻는데, 잠수한 상태에서는 노폐물로 만들어진 이산화탄소가 혈류에 쌓이게 된다. 이산화탄소는 핏속의 물과 만나 탄산을 만들어 혈액이 산성이 된다. 아주 조금이라도 혈액의 산도가 높아지면 대사적으로 해가 되어 위험하다. 그런데 사람과 달리 펭귄은 혈액을 중화시킬 수 있다. 이산화탄소 양이 늘어도 혈액이 너무 산성화되는 것을 막는 혁신적 능력이 있다. 그래서 오래 잠수하는 데 지장이 없다.

조류는 언제 처음 지구에 등장했을까? 지구상에 존재했던 거대한 새의 화석이 2011년에 발견되었다. 이 화석은 백악기 후기 지층에서 나온 것으로, 연구진은 이 고대 조류의 학명을 '삼루키아 네소비'로 명명했다. 날지 못했다면 3미터의 키에 체중이 50킬로그램 이상 나갔을 것으로 보이며, 날 수 있었다면 날개를 펼쳤을 때 총 길이가 4미터, 체중이 최소 12킬로그램의 대형 조류였을 것으로 추정된다. 과연 이 거대한 새가 지금 우리가 볼 수 있는 새들의 조상일까?

그동안 조류는 약 1억 5,000만 년 전부터 두 발로 걷는 최소형 공룡인 테로포다에서 진화했고, 수천만 년 동안 크기가 매우 작은 편이었다는 것이 정설이었다. 하지만 이번 발견은 그와는 상반된다. 이번 연구는 공룡이 지구를 지배하던 시기에 대형 조류가 지구상에 존재했음을 뜻하며 조류의 진화론에 대해 이제까지와는 다른 새로운 접근이 필요하다는 것을 보여 주었다.

공룡이 어떻게 조류로 진화하게 되었는지, 처음에 조류는 어떤 비행 방식을 갖고 있었는지 아직 명확하게 밝혀진 것은 없지만 중국 칭화대 연구팀은 카우딥테릭스라는 공룡을 대상으로 초당 2.5~5.8미터의 속도로 빨리 달렸을 경우를 가정, 수학적인 모델을 바탕으로 로봇 제작을 시도해 보기도 했다. 이 로봇은 깃털로 된 날개를 갖고 있으며 현생 조류가 갖고 있는 날개의 원형이라고 보고 연구를 진행했다.

이처럼 화석을 발굴하고, 이를 바탕으로 연구를 진행해 우리가 보지 못하고 겪어 보지 못한, 아주 먼 옛날 지구상에 살던 동식물을 추론해 내는 것이 고생물학자가 하는 일이다.

고생물학자는 직접 화석이 발견될 만한 지대로 나가 화석을 발굴하고, 이를 분석하는 일을 한다. 따라서 고생물학자는 야외에서 작업해야 하는 어려움을 이겨 낼 수 있는 체력과 끈기, 고대 동식물에 대한 흥미와 열정을 가진 사람이어야 한다. 화석을 발견하기까지의 과정, 또 이를 발굴하고 연구하는 것은 모두 인내를 요하는 일이다. 고생물학자는 주로 공룡에 열광하는 아이들이 꿈꾸는 직업이다. 실제로 그 오랜 꿈이 이루어져 고생물학자가 되는 사람이 많으며, 꿈꿨던 일을 하며 공룡을 마음껏 연

구하고 또 이를 대중에게 알리는 일에 열성적으로 임하는 경우
가 많다.

대학은 생물학과나 생명공학과, 지질학과 등으로 진학하고,
석박사 전공으로는 진화생물학, 생태학, 척추고생물학, 지질학,
식물학 등을 선택하는 경우가 많다. 박사 과정을 거치면, 고생
물학자로서 해외나 국내 자연사박물관, 국립문화재연구소, 대
학 연구소 등의 연구원으로 일할 수 있으며 지구환경과학부 교
수로도 일할 수 있다.

우리나라에도 임종덕, 이융남, 허민 등 유명한 고생물학자가
있다. 특히 임종덕은 세계에서 가장 오래된 물갈퀴새 발자국 화
석2000년을 발견했으며, 아시아에서 처음 발견된 브라키오 사우
루스류 이빨 화석2001년, 우리나라 최초의 익룡뼈2002년를 발굴했
다. 이처럼 고생물학자는 화석 등을 발굴해 고생물을 연구하는
것이 주된 일이지만, 대중과 고생물학 사이에 연결고리가 되기
위해 대중을 위한 강연을 하고, 책도 많이 쓴다. 여러 과학박물
관에서 진행하는 고생물학자의 강연을 찾아 들어 보고, 고생물
학자가 쓴 책을 읽어 보면 고생물학자라는 직업에 대한 정보를
얻는 동시에 고생물에 대한 흥미도 느낄 수 있을 것이다.

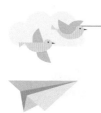

겨울이 되면 뉴스에서 조류인플루엔자의 발병에 대해 보도하는 것을 종종 보았을 것이다. 조류인플루엔자가 시작되었다고 하면 다들 막연한 공포감에 휩싸인다. 조류인플루엔자는 조류뿐 아니라 사람에게도 전염될 수 있는 인수공통전염병이기 때문이다. 우리나라는 2003년 12월~2004년 3월에 19개 농장, 2006년 11월~2007년 3월 7개 농장에서 고병원성 조류인플루엔자인 A/H5N1 감염이 발생했다. 2008년에는 42개 농장에서 고병원성 조류인플루엔자인 A/H5N1가 확인되었다. 하지만 철저한 방역 대책으로 인체 감염 사례는 없었다.

조류 사이 감염은 콧물 등의 호흡기 분비물과 대변에 있는 바이러스를 다른 조류가 섭취하면서 일어난다. 일반적으로 사람에게 전염될 가능성은 낮지만, 드물게 감염된 가금류와 접촉하거나 배설물이나 분비물에 오염된 물건을 접촉하면서 발생할 수 있다. 조류인플루엔자 바이러스는 RNA 유전자를 갖고 있어 유전자 변이를 쉽게 일으킬 수 있는데, 이를 통해 인간에게 더 많이 전파될 수 있는 가능성도 있다.

위험한 인수공통전염병은 조류인플루엔자뿐만이 아니다. 일본뇌염, 브루셀라증, 탄저, 공수병광견병, 중증급성호흡기증후군SARS, 변종 크로이츠펠드-야콥병vCJD 등도 동물과 인간 모두 전염될 수 있는 위험한 병이다.

이런 전염병의 확산을 막기 위해서는 초기 대응이 가장 중요하다. 전염병이 확산되지 않도록 처음부터 철저히 관리하는 것이다. 이를 위해 애쓰고 있는 사람이 바로 질병관리본부에 속한 검역관이다.

전국에는 인천공항, 부산, 김해, 제주 등에 총 13개의 국립검역소가 있다. 이 검역소에서 검역관은 해외에서 들어오는 동식물 중 위험한 해충이나 병균을 보유하고 있는 것이 없는지, 금지된 것이나 보호종은 없는지 검사하고, 해외에서 국내로 들어오는 사람들이 병에 걸려 있을 위험성이 있는지를 검사한다.

항공기 중점 검역으로는 기내의 오수 채취 검사, 승객 건강 문진, 감염병 정보 수집 등이 있다. 승객 검역 시 열이 있거나 이상 징후가 발견되면 검사를 진행하며, 해당 승객은 후송 조치,

접촉자 격리, 탑승자 명단을 활용한 추적 및 감시, 승객을 태운 차량과 열차 소독 등을 진행한다. 이처럼 검역관은 감염병 의심 증상을 보이는 사람들을 가장 먼저 만나 해외 감염병이 국내로 유입되지 않도록 신속한 검역조사와 역학조사를 수행하는 일을 한다. 요즘은 해외와 국내를 오가는 일이 빈번하므로 검역관의 역할이 더욱 중요해지고 있다.

검역관은 국가직 공무원으로, 공무원 임용시험에 합격해야 하며 공무원 보수 규정에 의해 봉급과 수당을 받으며 일한다. 검역은 식물 검역, 동물이나 축산물 검역, 식품과 농산물 검역 등으로 나눌 수 있다. 이에 따라 검역관도 보건직, 농업직, 수의직, 식품위생직 공무원으로 나눌 수 있으며 각각 전공 학문이 다르다. 일반적으로 공무원 시험은 18살 이상의 모든 국민을 대상으로 하지만 급수에 따라 더 많은 학위를 요구하는 경우도 있다. 주로 보건직은 보건행정, 임상병리, 간호, 약학, 한약학을, 농업직은 농학 관련학과를 전공한 사람이 많으며, 수의직은 수의학과를 전공해 수의사 면허증을 소지해야 한다. 식품위생직 공무원은 식품영양학을 전공하면 좋다. 검역관이 되고 싶다면 어느 분야의, 어떤 급수의 검역관에 도전할 것인지를 먼저 명확히 정해 그 분야를 준비하는 과정이 필요하다.

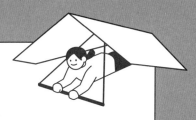

3장

하늘을 난
최초의 생물,
곤충의 날개

지구상에 조류가 등장하기 전까지
실제적인 공중의 지배자는 곤충이었다.
경쟁자가 없는 1억 년이 넘는 기간 동안 곤충은
하늘을 장악했다.

곤충의 날개는 어떻게 진화했을까?

지구상에 등장했던 생물 중에서 최초로 하늘을 난 동물은 바로 곤충이다. 원시적인 날아다니는 곤충은 3억 년 전 고생대의 석탄기 때 출현한 것으로 최근에 밝혀졌다. 과거에는 3억 9,600만 년 전의 좀벌레와 비슷한 화석을 날개 달린 곤충의 화석으로 정의하기도 했었다. 딱정벌레 종류는 3억 년 전부터 진화하기 시작한 것으로 알려져 있고, 메뚜기 종류는 2억 5,000년 전부터 존재한 것으로 알려져 있다. 메뚜기 종류로는 현재 베짱이, 귀뚜라미, 여치 등이 포함되어 있고 전 세계적으로 2만 3,000종이 넘는다.

4억 년 전에 존재했던 초기의 척추동물인 개구리와 같은 양서류는 물고기를 먹었는데, 점차 늘어나는 곤충과 때를 같이해 개구리는 곤충을 먹이로 하는 유형으로 진화했다.

파리와 나방은 밑들이목에 해당하는 곤충으로, 하나의 목에서 진화한 것으로 분석되고 있다. 이 밑들이목의 곤충은 완전변태를 하고 긴 다리를 가진 포식성 곤충으로, 정지해 쉬고 있을 때에는 날개를 몸 위에 지붕 모양으로 접는다. 파리는 2억 5,000년 전에, 나방과 말벌은 1억 5,000만 년 전에 진화를 시작한 것으로 알려져 있다.

곤충은 왜 날개를 갖게 되었을까?

어떻게 왜 곤충의 날개가 진화했는지는 잘 알려져 있지 않지만, 곤충은 변온동물이라 밤에 기온이 떨어지면 체온이 내려가기 때문에 아침이 되어 햇빛을 받으면 날개 맥에 흐르는 체액을 햇빛으로 데울 수 있다.

또한 날개로 식물의 꼭대기에 올라간 곤충은 시야가 넓어져 짝을 찾기도 쉽다. 몇몇 곤충학자는 식물 위로 올라간 곤충이 가슴 양쪽 측면에 돌출된 작은 돌기를 이용해 빠르게 활공했을 것이라는 가설을 세웠다. 고생대 석탄기의 곤충 화석을 보면 가슴 측면에 돌기가 있는 것이 있는데 오늘날 곤충의 날개와는 약간 다르다.

곤충의 날개는 고생대의 석탄기 전기에 나타났다. 지구상에 조류가 등장하기 전까지 실제적인 공중의 지배자는 곤충이었다. 경쟁자가 없는 1억 년이 넘는 기간 동안 곤충은 하늘을 장악했다.

이동하거나 구애하고 먹이와 살 장소를 찾기 위해 날개를 활용했다.

날개가 매우 컸던 고생대의 곤충

화석화된 곤충 중에는 고생대 후기에 살았던 엄청난 크기의 곤충도 있다. 고생대의 잠자리는 날개를 편 가로 폭이 무려 55~70센티미터나 되었다. 이 잠자리는 그 어떤 곤충보다도 컸다. 이 시기의 대기 중에는 산소 농도가 높았는데 몸집이 커야 호흡하기 좋았기 때문인 것으로 알려져 있다. 고생대 후기인 3억 년 전의 석탄기에는 대기 중의 산소 농도가 35퍼센트_{오늘날 대기 중의 산소 농도는 21퍼센트}다에 달해서 이 시기의 양서류와 곤충의 크기는 엄청나게 컸다.

당시에 날아다니는 다른 척추동물은 없었다. 지금은 사라진 대부분의 곤충은 고생대 마지막에 해당하는 2억 7,000만 년 전쯤의 페름기 동안 크게 발달했다. 그러나 고생대 마지막과 중생대로 들어서는 2억 5,200만 년 전쯤 엄청난 화산 폭발과 지구환경이 급변하면서 수많은 해양생물과 육상생물이 대량 멸종할 때 이들과 함께 거대 곤충도 멸종했다.

곤충의 호흡은 폐가 없이 이루어진다. 내부의 관과 작은 주머니를 통해 펌프처럼 공기를 온몸에 넣고 확산시킨다. 산소를 숨관을 통해 각 조직에 직접 전달한다. 대부분의 곤충은 공기를 배와 가슴의 옆구리에 있는 숨구멍을 통해 받아들여 호흡한다. 이 호흡 시스템 때문에 곤충은 몸 크기를 맘껏 키우기 어려워서 몸 크기에는 한계가 있다. 곤충의 몸집이 커지면 숨구멍으로 산소를 운반하는 것은 덜 효율적이어서 날아다니는 곤충의 무게는 대략 20마이크로그램에서 3그램 정도에 불과하다.

곤충 종류에 따라 가스를 교환하는 형태도 다르다. 곤충들이 취하는 방법은 농도가 높은 가스를 낮은 쪽으로 확산시키는 방법이다. 지속적으로 가스를 교환하면서 산소는 취하고 이산화탄소는 방출한다.

몇몇 곤충은 가스 교환을 지속적으로 하지 않고 비연속적으로 한다. 활동할 때는 산소를 취하고 쉴 때는 작은 양의 이산화탄소를 방출하는 것이다.

몇몇 잠수하는 곤충은 특별한 구조로 호흡하는데 도움을 받는다. 애벌레 시절에는 많은 곤충이 아가미를 갖고 있어서 물에 녹아 있는 산소를 마실 수 있다.

꽃 피는 식물과 공진화하다

벌목에 해당하는 곤충들은 1억 4,600년 전부터 중생대의 백악기 동안 매우 성공적으로 번성했고, 6,600년 전부터 시작된 신생대에 이르러서는 더욱 다양하게 진화를 거듭했다. 현재까지 곤충은 개체 수로나 종 수로 따져 봐도 매우 성공적으로 번성했다. 세대

간격이 짧아서 돌연변이 기회가 생기면 변화된 환경에 새롭게 적응하면서 진화한 곤충이 생겨난 까닭이다.

현존하는 곤충의 종 수는 600만에서 1,000여 만 종 정도로 매우 다양하다. 이는 지구상의 동물의 90퍼센트가 곤충의 알이거나, 애벌레거나, 번데기거나, 성충이라는 뜻이다.

수많은 곤충 무리는 꽃 피는 식물과 관련되어 함께 공진화했다. 현존하는 곤충 대부분은 신생대에 발달했다. 이 기간 동안 살았던 곤충들은 나무의 진액과 더불어 땅속에 묻히면서 탄소, 수소, 산소 따위와 화합해 굳어진 호박에 잘 보존된 상태로 종종 발견되고 있다.

초기 곤충은 육상에서 살아가는 초식동물에 속했고, 원하는 식물을 택해 공진화했다. 이와 더불어 식물은 먹히지 않기 위해 화학물질로 방어하는 방법으로 진화했다. 바꾸어 말하면 식물은 독성 물질을 만드는 방향으로 진화했다. 식물만 독성 물질을 만드는 게 아니라 많은 곤충도 이러한 독성 물질을 포식자로부터 자신을 보호하는 데 사용한다. 또한 곤충들은 종종 자신의 독성을 보호색으로도 사용한다. 그럼에도 곤충은 육상의 척추동물을 포함해서 다양한 생물의 먹이가 되었다.

대부분의 벌은 뒷다리에 길다란 털이 빽빽하게 나 있어서 날아다니며 꽃가루를 옮기는데 몇몇 벌은 아래쪽 배에 털이 많아서 이를 꽃가루를 묻혀 옮기는 데 사용한다. 다리에 털이 없는 벌 종류도 있다. 몇몇 꿀벌에게는 뒷다리에 꽃가루를 담아 오는 꽃가루 바구니가 있기도 하다.

꽃가루를 옮기는 매개자의 역할을 하는 곤충들은 수많은 꽃 피는 식물의 생애 주기에 꼭 필요하다. 이러한 곤충이 없다면 생태계는 황폐해질 것이다. 넓은 시각에서 곤충은 생태계의 구성원으로서 사람을 포함한 대부분의 생물에게 영향을 미친다.

곤충의 역할

곤충은 단독으로 살든 집단을 이루어 살든 주변 환경과 상호작용하며 살아갈 뿐 아니라, 생태계에서 매우 중요한 역할을 담당한다. 해충의 수가 급격히 증가하는 것을 막아 생태계를 보호하고, 앞서 살펴보았듯 꽃꿀을 먹는 과정에서 꽃가루를 몸에 묻히고는 다른 꽃의 암술머리에다 꽃가루를 묻혀 수분시키는 역할도 한다. 토양 속을 오가면서 토양을 바꾸고 공기가 통하게 만들고, 유기물을 분해하면서 야생에 양분을 제공한다.

예를 들어 딱정벌레는 죽은 동물의 시체를 먹거나 낙엽을 분해한다. 이는 생물의 유기물을 재순환시켜 다른 생물에게 양분으로 제공하는 역할을 한다. 이러한 곤충은 토양의 비옥도를 높여준다.

많은 곤충은 해충으로 인식되고 있기도 하다. 바구미나 메뚜기는 농작물에 해를 입히기도 하고, 모기나 파리는 병균을 옮기기도 하고, 썩은 고기를 먹는 검정파리 같은 곤충은 질병을 퍼뜨리기도 한다. 이나 빈대처럼 사람에게 기생하는 해충도 있고, 목조 구조물을 갉아먹으며 파괴하는 흰개미도 한다. 몇몇 곤충은 작물의 수액이나 잎, 열매나 목재 부분을 먹어서 작물에 해를 미치기도 한다.

그럼에도 많은 곤충은 생태학적으로 유익한 포식자로 간주되기도 하고 몇몇 곤충은 경제적으로 이득을 준다. 누에는 비단을 생산하고 꿀벌은 벌꿀을 생산하며 꽃가루받이를 해준다. 말벌은 에너지를 얻기 위해 꽃꿀을 섭취하면서 꿀벌처럼 꽃가루받이 역할을 하는 것은 물론 나방의 애벌레를 먹이로 하기 때문에 삼림을 보호하는 역할도 수행한다.

특히 도심에 사는 말벌은 파리 종류의 먹이를 섭취하면서 질병과 해충의 번성을 막아 주는 중요한 역할을 한다.

알에서 태어나 날개를 갖기까지

곤충은 대부분 알을 낳고 알에서 부화한다. 알에서 부화한 후에는 자라나면서 반드시 변태하는 과정을 겪게 된다.

곤충은 왜 변태하는 것일까? 모든 곤충의 몸을 둘러싸고 있는 외골격은 탄력이 없어서 성장하게 되면 압박을 받게 된다. 이 때문에 외골격보다 몸집이 더 커지면 껍질을 벗게 되고, 그래서 성장하는 과정에 형태가 크게 바뀌게 되는 변태를 겪는다. 곤충뿐 아니라 바다에 사는 갑각류 역시 탈피 과정을 거친다.

곤충은 알, 애벌레, 번데기, 성충으로 나뉘는 생애 주기가 있다. 이러한 4단계의 변태과정을 완전변태라고 말하는데, 곤충의 85 퍼센트 정도는 완전변태를 한다. 벌이나 나비, 개미, 말벌, 딱정벌레, 파리, 모기처럼 완전변태를 하는 곤충들은 애벌레일 때와 성충의 외형 차이가 뚜렷하다. 애벌레를 지나 번데기 과정을 충분히 거치고 성충이 될 준비가 되면, 등쪽의 피부를 쪼개어 껍질을 벗고 날개 달린 성충이 되어 나온다.

그러나 번데기 상태가 없는 곤충들도 꽤 있다. 유충 상태에서 곧바로 성체로 발달하는, 3단계의 변태 과정을 거치는 곤충들을 불완전변태한다고 말한다. 메뚜기가 그러한데, 유충이 크기는 작지만 성충과 비슷한 모습을 하고 있다. 자라나면서 반복해서 6번 정도 껍질을 벗으며 성충이 된다.

바퀴벌레도 불완전변태를 한다. 유충이 날개는 없지만 성충과 기본적으로 비슷하게 생겼다. 유충은 몇 달에 걸쳐 때로는 1년이 넘게 천천히 자라면서 날개가 달린 성충이 된다.

역시 불완전변태를 하는 매미의 유충은 알에서 부화하면 힘이 강한 앞다리로 땅을 파서 대개 땅속 2.5미터의 깊이로 들어가 나무 뿌리의 즙을 빨아먹고 산다. 성충이 되면 나무로 날아올라 길다란 입을 나무 줄기에 찔러서 당분을 빨아먹고 산다. 잠자리는 유충 시절에는 물에서 헤엄치다가 성충이 되면 하늘을 난다.

곤충의 몸은 어떻게 생겼을까?

곤충은 무척추동물 중에서 유일하게 비행 능력을 발달시킨 동물이다. 이러한 특수한 힘을 활용해 성공적으로 살아남았고 생태계에서 중요한 역할을 담당하고 있다. 자신에게 적합한 환경을 찾아 나설 능력을 갖춘 만큼 번식력 또한 좋다. 곤충은 환경이 좋으면 급격히 증가하지만, 환경이 나쁘면 출산율은 급격히 줄고 사망률도 높아진다. 즉 번식률이 환경에 따라 달라진다. 대부분의 곤충은 주변 환경이 물기가 없이 건조해도 견디는 힘이 크다.

곤충은 두 쌍의 날개를 기본으로 갖고 있다. 날개는 가슴의 3개의 체절 중에 가운데가슴과 뒷가슴에 한 쌍씩 있다. 다만 좀이나 톡토기는 다른 곤충과는 달리 날개가 없다. 그래서 곤충을 분류할 때 날 수 있는 곤충과 날 수 없는 곤충으로 나누기도 한다.

등뼈가 없는 무척추동물에는 오징어나 조개, 지렁이, 불가사리 같은 종류도 있다. 곤충은 무척추동물 중에서도 딱딱한 껍질로 싸여 몸에 마디가 있는 절지동물이다. 다른 육상 절지동물인 지네, 노래기, 전갈, 거미는 때때로 곤충으로 오해받기도 하는데, 외골격에 이음새가 있는 비슷한 외모 때문이다. 그러나 자세히 들여다보면 특징이 다르다. 곤충은 성충의 발이 6개지만 이들은 다리가 더 많다.

곤충은 모든 환경에서 발견되고 있다. 바다에는 곤충 종류가 적은 대신에 다른 절지동물인 갑각류가 우세하다.

곤충은 몸이 마디로 연결되어 크게 머리, 가슴, 배의 세 부분으로 이루어져 있다. 게, 바다가재, 새우와 같은 갑각류 역시 몸이 마디로 되어 있고, 키틴질이 외골격을 이룬다. 갑각류는 대부분 물속에서 살지만 쥐며느리처럼 땅에서 사는 종류도 있다.

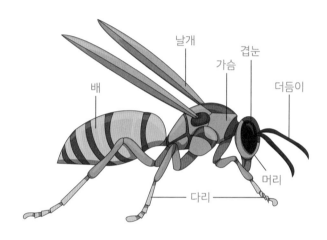

날개

겹눈

가슴

더듬이

배

다리

머리

▶ 곤충의 몸 구조 ◀

곤충의 몸은 무엇으로 이루어져 있을까?

곤충의 몸은 외골격이 지탱하는데 단단한 겉껍질은 대부분 키틴질로 이루어져 있다. 머리에는 감각을 느끼는 안테나가 있으며 낱눈이 모여 겹눈을 이루고, 핥거나 빨거나 찌르는 다양한 기관이 입 부분을 이룬다.

가슴은 세 부분으로 나눈다. 앞가슴, 가운데가슴, 뒷가슴이 있는데 각각의 가슴에는 한 쌍씩 다리가 달려 있다. 그리고 가운데와 뒷가슴에 등쪽으로 한 쌍의 날개가 달려 있다.

배는 곤충에서 가장 크기가 큰 부분인데 11개에서 12개의 분절로 이루어져 있고 머리나 가슴보다는 덜 단단하다. 소수의 종류이기는 하지만 이 분절이 서로 합쳐져 있거나 크기가 작기도 하다. 배에는 소화하고 호흡하며 배설하는 생식적인 기능이 있다.

곤충들은 종류에 따라 날개와 다리, 안테나, 입 부분에 각각 특징이 있고 환경에 잘 적응한 형태로 다양한 모습을 보인다.

곤충의 외골격은 두 겹의 큐티클로 이루어져 있다. 몸 바깥의 껍질은 얇고 밀랍을 입힌 것처럼 매끈해서 물이 스며들지 않는다. 껍질 안쪽은 키틴질을 함유하고 있고 훨씬 더 두껍다. 그래서 질기고 유연성이 있는데 섬유성의 키틴질이 여러 겹으로 샌드위치처럼 쌓여 있다.

겉껍질은 딱딱해서 유연성이 없다. 그러나 애벌레 시기에는 외골격의 겉껍질이 아주 줄어들어 있어서 몸 전체가 부드럽다.

걷고 헤엄치는 유충이 성충이 되기까지

성충이 된 곤충은 걷거나 날거나 때로는 헤엄을 치면서 움직인다. 어느 경우건 날아다니는 것보다 재빨리 이동할 수는 없지만, 걷고 헤엄치는 동작도 빠를 뿐 아니라 움직임도 안정적이다.

많은 곤충은 물속에서 지내는 애벌레 기간이 있다. 잠자리 유충의 예를 들자면 유충 시절에는 물속에 살면서 강한 위턱으로 물고기나 올챙이 같은 작은 생물들을 잡아먹고 산다. 성충이 될 만큼 성장하면 물 위로 나와서 껍질을 벗고 잠자리 날개를 펴서 공중을 향해 비행한다.

하루살이도 유충 상태에서는 물속에서 헤엄치며 지내다가 성충이 되려 할 때는 물 밖으로 나온다. 물장군이나 물방개와 같은 곤충 일부는 수생 곤충으로 적응해서 헤엄치며 산다. 소금쟁이는 물 표면을 걸을 수 있다.

곤충은 어떻게 매끄러운 천장이나 벽에도 잘 붙어 있을까?

곤충은 6개의 다리를 갖고 있다. 앞서 살펴보았듯 앞가슴, 가운데가슴, 뒷가슴에 각각 한 쌍씩의 다리가 있다. 이 6개의 다리로 삼각형을 만들며 걷기 때문에 빨리 걸어도 안정된 움직임을 보인다.

많은 곤충은 걸을 때 같은 쪽에 있는 앞다리와 뒷다리, 그리고 다른 쪽에 있는 가운뎃다리를 같이 움직이면서 걷는다. 그래서 다리가 삼각형으로 바닥에 교대로 닿는다. 이와 같은 곤충들의 걸음걸이를 세발 걸음이라고 한다. 우리가 흔히 마주하는 개미도 세발 걸음으로 걷는다.

집파리 역시 세발 걸음을 한다. 음식 위를 걸으면서 어떤 음식인지 구분할 수 있다. 왜냐면 발 부근에 화학 수용기가 있어서 맛을 느끼기 때문이다. 설탕 위를 걷게 된다면 어떤 음식인지도 안다. 수시로 다리를 서로 비비는 것은 청소하면서 다음 음식 맛을 느낄 준비를 위해서다.

곤충은 매끄러운 벽이나 천장에도 잘 들러붙어 있다. 어떻게 이런 일이 가능할까? 발바닥 아래에 미세한 털이 돋아나 있어서 분자 간에 정전기적으로 잡아당기는 힘이 작용하기 때문이다. 곤충은 벽에 다리를 붙였다가 발을 뗄 때는 발톱을 이용해서 떼고 다음 걸음을 하게 되는데, 수평으로 걸을 때나 수직으로 걸을 때 모두 다리를 3개씩 움직이는 세발 걸음을 한다. 천장에 붙어 있을 때는 표면에 붙어 있기 위해 4개의 발을 붙이도록 걸음걸이를 바꾼다.

메뚜기는 3쌍의 다리 길이가 모두 달라서 얌전히 걷기가 어렵다. 대신에 길다란 뒷다리의 강력한 근육을 이용해 힘차게 도약한다. 메뚜기의 가슴은 운동 근육이 발달되어 있고 특히 뒷다리는 근육이 크게 발달되어 있다. 좁쌀메뚜기의 경우는 몸 길이보다 몇 배가 넘는 긴 거리도 한 번에 뛴다.

메뚜기의 앞가슴과 뒷가슴의 체절은 크지만, 가운뎃다리와 앞날개가 붙어 있는 가운데가슴은 크기가 작다. 가운데가슴 등쪽에 붙은 앞날개는 가늘고 긴 데다 딱딱해서 비행 거리가 짧다. 우리나라에 서식하는 메뚜기 종류인 꼽등이와 한국민날개밑들이메뚜기는 아예 날지 못해서 뛰어만 다닌다.

날지 못하는 벼룩은 날개가 퇴화되어 없다. 이를 대체하도록 다리가 몸에 비해 매우 긴데, 다리 중에서도 뒷다리가 가장 길어서 훌쩍 높이 뛰어오르기 좋고 곤충 중에서 가장 높이 뛸 수 있다. 날지 못하는 대신에 벼룩이 개발한 도약 법은 벼룩만의 특기다.

정강이와 발목을 이용해서 다리를 정확하게 접었다가 동시에 펼치는 원리로 탄성을 높여 빠르고 높게 점프한다. 벼룩이 가장 높게 뛴 기록은 18센티미터, 가장 멀리 간 것은 33센티미터인데, 비율로 따져서 사람으로 치자면 15층을 한꺼번에 뛰어오르는 정도의 엄청난 도약이다.

날개를 움직이는 근육

곤충이 비행을 조절하는 날개 근육은 전체 무게의 10~30퍼센트 정도다. 근육은 직접 또는 간접으로 비행을 조절한다. 잠자리와 실잠자리, 하루살이는 이 근육이 날개 밑에 바로 달려 있지만 다른 곤충들은 가슴에 있다. 그래서 가슴을 진동하고 하는 힘으로 간접적으로 날개를 펄럭인다.

잠자리처럼 날개의 근육을 직접 사용하여 나는 방법을 직접 비행이라 하고, 가슴근육을 진동해 날개를 움직이는 방법을 간접 비행이라 한다. 근육의 크기와 힘은 비행의 힘과 속도에 영향을 준다. 힘차게 날아가는 곤충은 비행할 때 공기의 흐름과 스트레스에 잘 적응된 날개를 갖고 있는 데다 날개를 움직이는 근육도 강하다.

잠자리는 마치 공기 중에서 노를 저어 나아가는 것처럼 날개 밑의 근육을 이용해 아래로 날갯짓을 한다. 날개 자체를 위로 들어 올리는 힘도 있다. 앞날개와 뒷날개는 크기와 모양이 비슷하다. 각 날개는 서로 연결되어 있지 않아서 다른 곤충들이 비행하는 것과 달리 앞뒤 날개가 독립적으로 움직이는데, 잠자리는 날아가는 방향과 속도를 날개를 미세하게 조절하면서 바꾼다. 잠자리는 이러한 탁월한 비행 실력 덕에 날아다니는 다른 곤충을 잡아먹을 수 있다.

대부분의 곤충은 간접 비행을 한다. 나비를 포함한 파리, 벌, 딱정벌레 등 대부분의 곤충은 가슴근육을 움직여 비행한다. 가슴근육을 진동시켜 빠른 날갯짓이 가능하다.

날개는 가슴의 외골격이 확장되어 형성되었기 때문에 가슴을 움직이면 날개를 움직이는 원동력이 된다. 등쪽으로 길게 뻗은 근육이 있는 가슴을 앞쪽에서 뒤쪽으로 압축하면 가슴의 등쪽 표면이 위쪽으로 휘게 되어 날개를 아래로 퍼덕이게 된다. 가승등판이 아래로 다시 잡아 끌어지면 날개는 위쪽으로 퍼덕이게 된다.

곤충은 신경에 충격이 가해질 때마다 근육을 수축하는데 빠른 비행을 위해서 매우 효과적이다. 호박벌은 신경에 충격이 한 번 오면 더 여러 번 근육을 수축하기 때문에 날갯짓을 더 빠르게 할 수 있다. 근육에서 긴장이 풀어지고 다시 수축되는 과정은 매우 빠르게 이루어진다. 그래서 날갯짓은 신경계를 통해 자극이 전달되는 속도보다도 더 빠르게 날갯짓을 할 수 있다. 근육도 아주 빠르게 진동하는데, 운동은 기온에 따라 좌우되며 저온에서는 정지한다.

곤충의 날개가 지닌 다양한 능력

곤충의 날개는 곤충의 외골격이 자연적으로 뻗어 나와 자라난 것이다. 날개는 가운데가슴과 뒷가슴 등쪽의 체절에서 뻗어 있는 데, 두 쌍의 날개를 앞날개와 뒷날개라 부른다. 소수의 곤충 중에 는 뒷날개가 없어지고 흔적만 남아 있기도 하고, 앞날개가 나는 기능을 잃어버린 종류도 있다.

곤충의 날개는 알에서 세포가 분화되면서 표피 세포층이 두꺼 워지면서 형성되기 시작하는데 측면에 형성된 외배엽이 등쪽으 로 자라면서 외골격이 확장되어서 만들어진다. 늑막에 근거하여 아가미가 변형되어 만들어졌다거나, 고관절과 같은 겉의 부속지 가 변형되어 만들어졌다는 여러 주장이 있다.

완전변태를 겪는 곤충들에서는 번데기 시절에 날개가 발달하지만, 불완전변태를 하는 곤충들은 번데기 시절이 없기 때문에 날개가 다르게 만들어진다. 불완전변태를 하는 곤충의 날개는 외골격의 아래에서 싹이 트는 것처럼 자라난다. 그래서 유충의 마지막 단계까지는 드러나지 않고, 날개가 나타나는 것은 표피세포가 두꺼워지기 시작하면서부터다.

수컷이나 암컷 중에서 한 가지 성별에만 날개가 있는 곤충이 있는데, 대개는 수컷에게 날개가 있다. 개미벌이나 부채벌레 종류는 수컷에게만 날개가 있다. 개미나 흰개미처럼 사회성 곤충들의 경우 일개미가 날개를 잃었다.

드물게 암컷에게 날개가 있고 수컷에게는 없는 경우도 있다. 무화과말벌이 그러하다. 몇몇 곤충은 날개가 일생 중에서 특정 기간 동안에만 만들어진다.

날개 형태는 이동하는 방식에 따라 달라지기도 한다. 메뚜기의 뒷날개는 앉은 자세에서는 부채처럼 겹쳐지면서 앞날개 밑으로 접힌다. 그러나 비행을 시작하면 크게 펼쳐지면서 날갯짓을 하게 된다. 그러나 메뚜기는 날개에 비해 몸이 커서 열심히 난다 해도 비행 거리가 짧은 편이다.

흰개미는 비행 기능이 아주 약해서 바람이 불면 쉽게 아래로 날려간다. 속도는 시속 2킬로미터를 넘지 못한다. 살기에 적절한 장소에 착륙한 후에는 날개를 떨구는데 서로 짝을 짓고 축축한 목재나 흙으로 집을 짓는다.

곤충은 쉴 때 날개를 어떻게 접을까?

집게벌레, 메뚜기, 귀뚜라미, 사마귀, 바퀴벌레는 앞날개가 단단하고 질겨서 비행하는 동안 날개를 잘 펄럭이지 못해 멀리 날지 못한다. 비행 효율이 좋지 못한 대신에 이들은 쉴 때 불투명하고 딱딱한 앞날개로 뒷날개와 복부를 덮고 보호한다. 뒷날개는 판처럼 펴지고 부채처럼 접힌다. 메뚜기의 날개는 앞날개가 뒷날개보다 일반적으로 더 좁고 두껍다. 이렇게 두껍고 질긴 앞날개를 '두텁날개' 또는 '복시'라고 부른다.

비행하는 동안 날개를 구부릴 수 있도록 날개에 굴곡이 있는 곤충도 있다. 굴곡을 따라서 비행하는 동안 날개를 구부릴 수 있다. 날개를 접는 선과 구부리는 선이 살짝 안 맞는 수가 있지만 이런 곤충의 날개에는 유연성이 있다.

다양한 형태의 나비들은 이동할 때와 쉬는 동안에 서로 다르게 날개를 펼친다. 쉬면서 날개를 평평하게 펴거나 아니면 접기도 하는데 흔히 뒷날개를 접는다. 그러나 말벌 종류 일부는 쉴 때 앞날개를 접는다.

휴식을 취할 때 대부분의 곤충은 날개 막을 세로로 접으면서 날개를 뒤쪽으로 세우는데 때로는 가로로 접기도 한다. 딱정벌레나 집게벌레는 보통 날개를 몸통에 인접한 부분을 따라 교차해서 접는다.

그러나 잠자리와 실잠자리는 날개를 접지 않고 수평으로 편 채 쉰다. 날도래, 강도래, 풀잠자리 등은 날개를 자신의 등 위로 경사지게 지붕처럼 들고 쉰다. 나방의 일부는 자신의 몸 둘레를 날개로 두른다. 반면에 많은 파리나 대부분의 나비는 자신의 등 위에서 위쪽을 향하게 날개를 세우고 함께 붙여서 쉰다.

특수하게 변형된 날개

딱정벌레는 앞날개로 날지 않는다. 그대신 앞날개가 날 수 있는 기능을 가진 뒷날개를 덮어 몸과 뒷날개를 보호하는데, 이러한 딱정벌레의 앞날개를 '겉 날개' 또는 '시초'라고 부른다.

딱정벌레는 종의 숫자로 따지면 전 세계에 40만 종이나 있고 현재까지 밝혀진 곤충 종의 40퍼센트에 해당할 만큼 다양하다. 다른 모든 동물과 비교해 봐도 딱정벌레의 종 수는 모든 동물을 포함한 종 수의 25퍼센트에 달한다.

딱정벌레 앞날개는 변형되어 딱딱한 조개 껍질 같은 구조로 되어 있다. 예민한 뒷날개는 수직으로도 접고 가로로도 교차로 접혀서 겉 날개 바로 밑에서 보호받는다. 그렇다고 모든 딱정벌레의 겉 날개가 다 딱딱한 건 아니고 가죽처럼 비교적 부드러운 날개를 가진 병정딱정벌레도 있다. 이렇게 겉 날개가 부드러운 딱정벌레는 겉 날개가 파손되기 쉬운데 병정딱정벌레는 이때마다 화학물질을 방출하여 몸을 보호한다.

딱정벌레의 겉 날개는 날개와 가슴이 근육으로 연결되어 있다.

딱정벌레의 앞날개는 딱딱한 조개 껍질처럼 되어 있어 뒷날개와 몸을 덮어 보호한다.

딱정벌레는 날려고 할 때는 겉 날개를 들고 뒷날개를 펴는 동작을 한다. 먼저 뒷날개의 몸통에 붙은 날개의 시작 부위를 비행하는 자세로 놓고는 날개를 수직으로 펴고, 가로로도 접었던 날개를 편 다음 비행한다. 뒷날개로 나는 동안 겉 날개는 벌어진 상태로 고정된다.

딱정벌레는 날개를 연결하는 구조가 스프링처럼 되어 있어서 복부의 움직이는 힘으로 날개를 펼친 자세를 유지한다. 딱정벌레의 비행을 돕는 뒷날개에는 혈맥이 있어 비행할 때 에너지를 공급할 수 있다. 비행을 마치고 착륙하고 나면 뒷날개를 접고 그 위를 겉 날개로 덮는다.

바닥에 살게 된 딱정벌레 종류나 바구미 종류, 사막에 사는 종류나 굴 속에 사는 딱정벌레 종류 중에서 몇몇은 날아다니는 능력을 완전히 잃어버리기도 했다. 이렇게 비행 능력을 상실한 딱정벌레들은 2개의 앞날개가 하나로 합쳐져 날개가 아니라 몸을 덮는 단단한 방패로 바뀌었다.

몇몇 종류는 더 특이하다. 나는 능력을 잃었을 뿐 아니라 앞날개까지도 모두 다 잃어버렸다. 반딧불 종류가 그러한데, 수컷은 날아다녀도 암컷은 일생 동안 애벌레와 같은 모습으로 날개 없는 상태로 빛을 내며 지낸다. 과거에 우리나라에서 종종 볼 수 있었던 반딧불이는 수컷은 날면서 반짝일 수 있지만 암컷은 날고 있는 동안에는 반짝이지 못하고 쉴 때만 빛을 낸다.

파리의 경우는 뒷날개가 퇴화되어 변형된 상태다. 날기 위한 날개는 앞날개 한 쌍이고, 뒷날개 한 쌍은 퇴화하여 곤봉 모양이 되어 흔적만 남아 있다. 파리의 날개는 균형을 잡고 기계적 자극을 감지하는 데 쓰이는데, 고난도의 곡예 비행이 가능하다.

날개로 하는 위장과 의사소통

곤충은 대부분 껍질 속의 몸이 부드러워서 유연하지만 방어력이 거의 없다. 어릴 때는 몸의 크기도 작고 아주 천천히 움직이거나 이동성이 없기도 하다. 그래서 성충이 되어서도 잡아먹히거나 기생충에 노출될 위험이 있다. 그래서 날개를 이용한다. 날개로 자신의 몸을 감싸고 보호하기도 하지만, 날개를 편 모양이 포식자를 모방하거나 경계색으로 자신을 방어하기도 한다.

곤충은 다양한 방어 전략을 갖추었다. 주변 사물을 흉내 내기도 하고 독성을 띠거나 적극적인 방어를 하기도 한다. 위장을 하는 것은 중요한 방어 전략이다. 색깔이나 모양을 주변 환경과 섞이게 해서 눈에 띄지 않게 한다.

이러한 위장술로 자신의 몸을 방어하는 것은 나무나 풀을 먹는 딱정벌레에게서 흔히 볼 수 있다. 몇몇 딱정벌레는 다양한 색깔의 비늘이나 털로 덮여 있어서 새똥처럼 보이기도 하고 먹을 수 없는 물질처럼 보이기도 한다. 색깔이나 모양을 흉내 내는데 하늘소와 같은 딱정벌레는 말벌 모양을 흉내 내서 포식자들이 피하게 만든다.

　몇몇 곤충에게는 화학적인 방어도 중요하다. 제왕나비는 밝은 색으로 자신이 독성이 있음을 광고한다. 실제로 자신이 먹은 식물의 화학물질에서 독성을 뽑아 자신의 조직이 독성을 갖게 만든다. 다른 포식자가 제왕나비를 먹으면 역겹거나 아프게 되어서 점차 먹는 걸 피하게 된다.

　곤충들은 날개를 이용해 서로 다양한 방법으로 의사소통을 한다. 귀뚜라미는 날개를 서로 비비면서 마찰음을 내어 짝을 유혹하거나 다른 수컷을 쫓아내기 위해 소리로 소통을 한다. 개똥벌레과의 장수풍뎅이는 빛으로 소통한다. 수컷 나방은 아주 먼 거리에서 암컷 나방이 방출하는 화학물질을 인식하고 암컷을 향해 날아간다.

곤충의 날개 무늬에 숨겨진 생존 전략

곤충에게 날개 무늬는 사람의 지문과 같다. 사람마다 지문이 다른 것처럼 곤충도 날개의 무늬가 모두 다르다. 심지어 한 개체 중에서도 양 날개의 무늬가 다르다. 그런데 곤충은 이렇게 복잡하고 다양한 패턴을 어떻게 만드는 것일까?

곤충의 날개에는 왜 맥이 있을까?

곤충의 날개의 막은 한 겹이 아니라 두 겹으로 되어 있다. 위와 아래에 2장의 막이 정밀하게 나란히 겹쳐져서 하나의 평면으로 합쳐져 있다. 날개의 두 겹으로 된 막 사이에는 나뭇잎의 잎맥처럼 속이 빈 가지 모양 구조로 벌어진 틈이 있다. 이 날개 막 사이의 공간에는 피와 림프액이 합쳐진 체액이 흐른다.

체액이 흐르는 관을 '시맥'이라고 부르는데 날개 맥이라 말할수 있다. 날개는 망처럼 퍼져 있는 날개 맥을 지지하는 얇은 막이다. 날개 맥 아래쪽의 표피는 두껍고 단단하며 딱딱하다. 날개 맥은 굵기가 일정하지 않게 날개 막에 퍼져 있는데, 날개 맥 중에서도 주된 혈관에 해당하는 굵은 관 안에는 혈관과 공기가 통하는관이 있고 신경 통로도 들어 있다. 날개 맥의 내부 공간은 혈액으로 차 있는 몸 쪽의 혈강과 연결되어 혈림프가 날개 속을 흐르게되어 있다.

날개 맥은 날개 전체의 대사 기능을 추진하는 것뿐 아니라 날개를 지지하는 역할도 한다. 날개 맥을 둘러싼 표피층이 두꺼워지고 단단해지면서 날개를 강하고 튼튼하게 만들어 주기 때문이다. 날개 맥이 날개를 단단하게 지탱하는 까닭에 바람을 맞바로맞이하는 날개 앞쪽 가장자리에는 날개 맥이 두껍게 가까이 서로 붙어 있다. 뒤쪽으로 갈수록 날개 맥이 유연하고 얇아진다. 따라서 곤충의 날개 막 두께는 앞쪽이 두껍고 뒤쪽이 얇아서 추진력을 높이고 항력을 최소화하도록 되어 있다.

날개에는 많은 수의 날개 맥이 교차되어 있는데, 잠자리나 풀잠자리에서 볼 수 있듯이 날개 맥이 세로와 가로로 교차되면서 하나하나의 세포 방을 날개의 막에 형성한다. 날개 혈관은 융합되고서로 교차되는 형태로 진화하면서 점차 서로 다른 특징을 보이게되었다. 그래서 많은 곤충을 분류할 때 가지 치는 형태로 다르게 뻗은 날개 맥의 특징을 이용해서 구분하기도 한다.

잠자리처럼 크기나 모양이 거의 같은 두 쌍의 날개로 빨리 비행하기 위해서는 앞뒤 날개의 앞쪽 가장자리가 단단해야 한다. 잠자리 날개의 가장자리 앞쪽 끝부분을 보면 짙은 색의 그물 방이 있는데, 날개 맥이 얽혀 있어 검다. 날개에 가장 강한 날개 맥이 날개 가장자리까지 뻗쳐 있다.

초파리 등 일부 곤충은 몇 개의 크고 주된 날개 맥이 있다. 그러나 잠자리 같은 다른 곤충들은 날개 전체를 십자 모양으로 가로지르는 복잡한 날개 맥 구조를 갖고 있다. 이 때문에 날개를 수백 개 이상의 형태로 구분할 수 있다.

이렇게 가로와 세로를 가로지르는 날개 맥의 모양과 위치는 끝없이 변하기 때문에 날개마다 고유한 패턴이 만들어진다. 이 날개 맥의 위치와 모양은 같은 개체의 좌우 양쪽 날개는 물론 같은 종의 개체 간에도 특징이 공유될 뿐 아니라, 곤충 날개의 모양과 패턴은 종 전체에 걸쳐 아주 다양하다.

하루살이의 날개를 보면 아래로는 오목하고 위로는 볼록하다. 오목한 혈관은 2개의 오목한 혈관으로 갈라지고 여기에 볼록한 혈관 하나가 삽입된 모양이다. 날개의 혈관은 그런 형태로 물결치는 모양이어서 하루살이가 날개를 위로 접을 때나 아래로 내릴 때에도 물결처럼 보인다.

곤충은 번데기 시절이나 유충 시절에 날개가 발달할 때, 등쪽과 복부 쪽의 측면 표피층은 가깝게 붙으면서 표피의 많은 면적이 날개 막을 형성하게 되었다. 나머지 부분은 통로를 형성해서 혈 림프의 관을 이루고 있다. 거기서 신경과 공기 통로가 함께 형성되기도 한 것이다.

아주 크기가 작은 곤충은 날개 맥이 적게 분포하고, 좀벌은 아주 일부에만 날개 맥이 남아 있다. 그러나 반대로 메뚜기나 귀뚜라미의 날개는 원래의 혈관 사이에 부차적인 혈관이 더 가지 쳐 있다. 그물 모양으로 날개 맥이 형성된 곤충에는 잠자리와 실잠자리가 있고, 여치나 메뚜기는 앞 날개에서 몸통 가까운 기저부분에 그물망이 많다.

날개가 좀 더 강한 날개 맥 구조로 되어 있는 밤나방에 해당하는 올빼미 나방 종류는 날개 맥에 신경이 연결되어 날개가 소리를 듣는 고막의 역할을 한다. 사실 고막의 역할을 하는 부분은 날개의 아랫부분이 있는 가슴, 복부, 다리 등 곤충 종류에 따라 다르게 있다.

중국의 간식 거리를 걷다 보면 곤충을 튀기거나 요리한 음식을 어렵지 않게 볼 수 있다. 전갈, 물방개, 지네 튀김을 맛있게 먹고 있는 사람들도 흔히 볼 수 있다. 이런 풍경에 눈살을 찌푸릴지도 모르지만, 사실 우리나라에서도 예전에는 메뚜기를 튀겨 먹는 일이 잦았다. 요즘에도 누에 번데기를 통조림 형태로 팔고 있으며 이를 요리해서 번데기탕을 만들어 먹기도 한다.

유엔식량농업기구FAO는 2050년경 식량 수요가 지금의 2배 정도 증가할 것으로 예측한다. 그리고 이를 대비하기 위한 미래 식량으로 곤충을 주목했다. 곤충은 가축에 비해 좁은 면적에서도 사육할 수 있고, 번식력도 좋으며, 비교적 짧은 시간 내에 성충으로 자라나 생산성도 높다. 키우는 데 필요한 먹이 또한 다른 가축에 비해 엄청나게 적다. 실제로 곤충은 고단백질 식량으로, 불포화지방산, 무기질 등 영양이 풍부하며 고소하고 담백한 맛이 일품이다.

이 밖에도 곤충은 다양한 분야에서 유용하게 쓰일 수 있다. 국내에서 하루에 쏟아지는 음식물 쓰레기만 해도 약 1만 5천 톤에 달한다. 그런데 이 엄청난 양의 음식물 쓰레기를 분해하고 거름으로 재탄생시킬 가능성이 있는 곤충이 있다. 바로 '동애등에'이다. 동애등에 유충은 쉴 새 없이 음식물 찌꺼기를 먹어치워 배설하는데, 이 배설물은 거름으로 유용하게 쓸 수 있다. 동애등에는 성충이 되어도 인간에게 질병이나 위생상 문제를 일으키지 않는다. 또한 유충은 동물의 사료로도 쓰일 수 있다.

곤충을 연구할 때는 그 유용성에 따라 약용·의학용 곤충, 화분매개 곤충, 사료용 곤충, 애완·학습용 곤충, 식용 곤충 등으로 분류할 수 있다.

곤충 연구원은 곤충에 대한 호기심이 있어야 하고, 오랜 기간 곤충을 관찰하고 그 습성을 파악하는 데 지루해하지 않고, 그 과정에서 즐거움을 느끼는 성향이라면 알맞은 직업이다. 곤충을 연구하기 위해서는 때때로 현장에 나가서 직접 채집을 해야 하므로, 활동적인 면이 있어야 한다. 또 곤충을 대량 생산하기 위해 꾸준하고 꼼꼼하게 환경을 관리하며 보살펴 주어야 하므로 성실함과 섬세함이 필요하다.

진학 학과로는 생물학과, 응용곤충학과, 곤충자원학과, 농생물학과 등의 자연계열, 농업계열의 학과를 선택하는 것이 일반적이다. 연구직에 종사하려면 석박사 과정을 거치며, 졸업 후에는 국공립 연구소인 국립산림과학원, 국립보건원, 농촌진흥청 등에 취업할 수 있다. 또는 농가를 위해 천적이나 유용곤충을 공급하는 사설 업체에 취업할 수도 있다. 국립산림과학원에서는 산림에 피해를 입히는 해충을 연구하고, 국립보건원에서는 위생과 질병 관련 곤충을 주로 연구한다. 농촌진흥청에서는 화분에 이용할 수 있는 벌을 연구, 대량 사육하여 농가에 공급하거나, 애완·학습 곤충, 식용·사료용으로 개발할 수 있는 곤충을 대상으로 실험·연구를 한다.

　주된 업무는 연구인데 곤충을 대상으로 여러 가지 실험을 하면서 곤충의 유용성과 의학 관련 효능을 밝혀내기도 하고, 곤충을 키우기에 적합한 밀도, 환경, 먹이 등의 최적의 조건을 알아내기도 한다. 또 유용성이 입증된 곤충은 대량 생산을 통해 수요자에게 공급한다.

　곤충에 관심이 많고, 곤충 연구원이라는 직업이 매력적으로 느껴진다면 곤충을 채집해 알부터 애벌레, 번데기, 성충의 단계를 거치며 커가는 일련의 과정을 함께 해보길 바란다. 뿐만 아니라 평소에 궁금했던 의문을 주제로 스스로 실험을 설계해 키워 보는 것도 좋은 경험이 될 수 있다.

통유리로 된 빌딩은 도심에서 흔하게 볼 수 있다. 그런데 이런 큰 유리창이 있는 건물에 매일 2만 마리의 새가 부딪혀 죽고 있다는 사실을 알고 있는가?

2018년 한 해 동안 약 800만 마리의 새가 유리창에 부딪혀 죽음에 이르렀다. 이런 죽음을 막기 위해 '야생조류 유리창 충돌 저감 캠페인'이 진행 중이다. 캠페인을 실천하기 위해서는 5× 10규칙을 알아야 하는데 이는 새들이 비행을 시도하지 않는 높이 5센티미터, 폭 10센티미터의 틈을 뜻한다. 우리가 이 크기의 격자형 스티커, 도트형 스티커를 붙이면 새들은 자신이 통과할 수 없는 장애물이 있다는 사실을 알아챈다. 또 유리창 앞에 그물망을 설치하거나 줄을 거는 방법도 있다.

이런 캠페인을 벌이는 이유는 무엇일까? 바로, '자연과 인간의 공존'이다. 우리는 이 땅에 함께 살아가고 있는 동식물과 평화로운 공존을 유지해야 한다. 이는 생태를 보존하는 유일한 방법이다. 이런 목표를 위해 캠페인에서 언급된 5×10 규칙 등을 알아내며 생태에 대해 연구하는 사람이 바로 생태학자다.

요즘은 환경오염에 대한 관심, 생태계를 보존해 생물이 살아갈 수 있는 환경을 유지해야 하는 중요성에 대한 인식이 높아지고 있다. 이제는 비닐봉지를 사용하지 않고 에코백을 사용한다든가, 밀폐 용기를 장보러 갈 때마다 가져가고, 일회용 컵의 사용을 줄이기 위해 텀블러를 사용하는 사람을 어렵지 않게 볼 수 있다. 이런 사회 분위기 속에서 생태학자의 역할 또한 주목받고 있다.

생태학자가 되려면 기본적으로 자연 속의 동식물에 대한 흥미와 관심이 있어야 하며 현장에 직접 나가서 동식물을 만나는 일을 견딜 수 있어야 한다. 동식물의 서식 환경은 매우 다양하며 생태학자는 이 환경 속의 동식물을 관찰·연구한다.

예를 들어 해양과학기술원 부설 '극지연구소'에서 일하는 동물생태학자는 남극의 추운 환경을 견딜 수 있어야 한다. 이들은 매년 남극에 파견되는데, 환경 변화가 남극 동물에 미치는 영향, 남극 동물의 생존 전략 등을 연구한다. 이 같은 연구 또한 공존을 목표로 한다. 동물생태학자인 김정훈의 《사소하지만 중요한 남극동물의 사생활》이라는 책을 보면 극지연구소에서 일하는 생태학자의 일을 엿볼 수 있다.

생태학은 연구 대상에 따라 동·식물 생태학, 미생물 생태학 등으로 나뉘기도 하고 해양 생태학, 육상 생태학, 습지 생태학 등 연구 지역으로 나뉘기도 한다. 생태학자가 되기 위해서는 주로 생물학을 전공하며 생태학, 화학천연물화학, 농학, 원예학, 생화학 등을 전공할 수도 있다. 자연생태 분야 기사, 산업기사, 환경측정분석사 등의 자격증을 딸 수도 있다.

생태학 분야에서 좀 더 실용적인 측면으로 눈길을 돌리면, 생태관광이라는 지속 가능한 관광을 접할 수 있다. 관광이라는 명목 아래 많은 자연이 훼손되고 있는데, 생태관광은 이를 방지하고 자연, 주민, 관광객 모두의 영역을 지켜 주는 새로운 개념이다. 전국 곳곳에 있는 에코힐링센터나 DMZ 생태평화공원도 그 일환으로 볼 수 있다. 생태 관광지를 개발하고, 관광을 기획하는 직업으로는 생태관광 기획자가 있다.

직업 체험을 위해 DMZ 생태평화공원을 방문해 그곳에 서식하는 다양한 동식물의 생태를 접해 보거나, 생태학자 김성호의 《나의 생명 수업》을 읽어 보는 것도 좋다. 또한 국립생태원은 생태진로체험 프로그램, 다양한 생태 체험 교육을 진행하고 있으니 홈페이지를 참고해 참여해 보면 생태학자라는 직업과 나의 적성이 맞을지 접해 볼 수 있는 기회가 많다.

4장

얕보면
안 되는
포유류의 날개

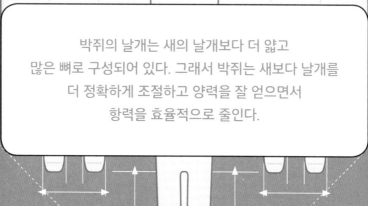

박쥐의 날개는 새의 날개보다 더 얇고
많은 뼈로 구성되어 있다. 그래서 박쥐는 새보다 날개를
더 정확하게 조절하고 양력을 잘 얻으면서
항력을 효율적으로 줄인다.

스스로 날 수 있는 포유류, 박쥐

젖먹이 동물 중에서도 날개가 있는 동물이 있다. 바로 박쥐다. 박쥐는 날개만 빼고는 여느 젖먹이 동물처럼 몸이 털로 덮여 있어서 날아다니는 쥐처럼 보이기도 한다. 활강하는 포유류로는 더러 날다람쥐 같은 다른 동물도 있다. 그러나 박쥐는 날개를 갖추고 강력한 힘으로 날 수 있는 단 하나의 포유동물이다.

박쥐는 어찌 보면 손으로 난다는 표현이 옳다. 박쥐의 손은 발과는 전혀 다르게 변형되어 날개를 이루는데, 매우 길게 늘어난 4개의 손가락은 팔뚝과 팔꿈치, 위팔에 비해 상대적으로 길다. 얇고 탄력 있는 막이 길다란 손가락을 연결하고 팔의 나머지 부분과 몸에 연결되어 날개 표면을 형성한다.

새는 팔 전체를 펄럭이지만 박쥐는 얇은 막으로 덮인 긴 손가락을 위주로 하여 팔을 움직인다. 그렇다고 손을 날개로만 쓰는 것은 아니다. 엄지는 아주 작고 끝에 작은 손톱이 달려 있어서 박쥐가 살금살금 움직일 때나 먹이를 다룰 때 사용한다. 이런 일은 어깨부터 팔꿈치, 손목, 손끝이 연결된 채 깃털로 덮여 있는 새의 날개로는 꿈도 못 꿀 일이다. 박쥐의 손목은 신축성이 좋아서 날개를 부채처럼 접거나 펼칠 수 있게 한다.

많은 박쥐는 막이 두 다리 사이로 늘어나서 꼬리까지 포함하고 있기도 하다. 꼬리의 막은 날개 구실 이외에 다른 일도 하는데, 박쥐가 날아다니면서 먹이를 거르는 주머니처럼 사용한다. 꼬리와 날개의 막은 얇아서 쉽게 찢어질 듯이 보이지만 아주 탄력이 있어서 질기다. 그러나 때로 박쥐 날개가 찢어져 구멍이 날 때가 있는데, 막은 복원력이 매우 좋아서 상처가 빠르게 치유된다.

박쥐는 곤충을 향해 비행하면서 날개를 쭉 뻗어 주머니를 형성한 꼬리의 막 속으로 곤충을 몰아넣고는, 날아가면서 머리를 구부려 꼬리 주머니에 잡힌 곤충을 먹고 날개에 붙은 곤충도 먹는다. 곤충을 입 속으로 잡아먹으면서 날아가는 작은갈색박쥐도 있다.

박쥐는 크게 작은박쥐와 큰박쥐로 나뉜다. 큰박쥐의 몸집이 작은박쥐보다 언제나 큰 것은 아니지만 대부분은 크다. 가장 작은 박쥐는 작은박쥐에 속하고 2~3그램밖에 안 되고, 큰박쥐 중에서 가장 작은 종은 13그램 정도다. 가장 큰 박쥐는 1.6킬로그램에 이른다. 작은박쥐에 속하는 가장 큰 박쥐는 200그램에 이른다.

　박쥐는 설치류 다음으로 종의 수가 많아서 전체 포유동물의 20퍼센트에 육박한다. 박쥐는 1,200종이 넘게 분류되어 있는데, 먹이에 따라 잡는 방법과 먹는 기술이 다르고, 박쥐의 생김새도 다르다.

　박쥐의 70퍼센트는 야행성 식충동물로 살아가는 작은박쥐 종류다. 작은박쥐는 대부분 곤충을 먹지만 물고기, 개구리를 먹이로 취하기도 한다. 흡혈박쥐도 3종이 있다. 큰박쥐는 과일박쥐로도 불리는데 꽃꿀이나 꽃가루를 먹다가 나비나 벌처럼 꽃가루를 암술머리에 묻혀 주는 매개자 역할도 한다.

　박쥐는 귀가 큰 박쥐가 있고, 눈이 큰 박쥐가 있다. 작은박쥐는 귀가 큰 박쥐에 해당하는데 대부분은 어둠 속을 날면서 길을 찾거나 먹이를 찾을 때 거의 소리에 의존한다. 이들은 눈이 작고 시력이 나쁘지만 청각이 워낙 예민해서 쐐기벌레가 잎을 갉아먹는 소리도 들을 수 있다.

　이와 달리 큰박쥐는 눈이 크고 시력이 좋다. 과일이나 꽃꿀 또는 꽃가루를 먹도록 특수화된 큰박쥐는 초식동물로, 열대 지방의 나무에 주렁주렁 매달려 산다.

박쥐의 몸무게가 가벼운 이유

박쥐는 거꾸로 매달린다. 날기 위해서 다리의 무게를 줄이는 방향으로 진화하면서 다리뼈가 아주 앙상하고 약해져 있는 까닭이다. 그래서 몸무게를 지탱하면서 똑바로 서 있을 수 없다. 뒷다리는 특히 작고 짧지만, 발가락에 날카롭고 아래로 구부러진 갈고리 모양의 발톱이 있어서 천장에 있는 홰에 매달리기 좋다. 그러나 예외적으로 원반날개박쥐만 거꾸로 매달리지 않는다. 각각의 발과 엄지에 있는 흡착 컵을 이용해 아직 펼쳐지지 않은 바나나 잎 안쪽으로 들어가 매끄러운 잎 표면을 붙잡고 머리를 위로 두고 있다.

날아다닌다는 것은 날개가 몸무게의 부담을 거뜬히 이겨야 하기에 가장 무거운 1.6킬로그램짜리 박쥐는 날개 길이가 1.7미터나 된다. 2그램이 좀 넘는 가장 가벼운 박쥐는 날개 길이가 15센티미터 정도다.

낮 동안에는 거꾸로 매달려 휴면 상태로 지내는데, 발톱으로 매달리면 연결된 힘줄이 수축해서 천장에 그냥 붙는다. 이렇게 하면 에너지 소모가 거의 없기 때문에 박쥐는 죽은 뒤에도 거꾸로 매달려 있을 때가 많다. 무거운 다리뼈의 무게를 줄이면서 적응한 방법이다.

이렇게 독특하고 에너지 소모가 거의 없는 방법으로 쉬는 것은 박쥐가 오래 사는 데 도움이 된다는 설도 있다. 박쥐는 몸 크기에 비해 수명이 길다. 대개 몸집이 작지만 야생에서 30년 넘게 살 수도 있다. 평균 수명은 10년에서 25년 정도로 알려져 있다. 몸

박쥐는 낮 동안 거꾸로 매달려 휴면 상태로 지낸다.

집이 비슷한 쥐의 수명이 2년에서 4년 정도이고, 다람쥐 수명이 3년에서 6년 정도인 걸 보면, 같은 몸집의 다른 포유동물에 비해 박쥐의 수명은 상당히 긴 셈이다. 포식자를 피해 날아다니는 실력 또한 수명을 늘리는 데 크게 한몫했음은 의심할 여지가 없다.

박쥐의 날개 근육은 새의 날개와는 아주 다르다. 새의 날개 근육은 가슴에 주로 있지만, 박쥐의 날개 근육은 가슴과 등에 거의 비슷하게 있다. 박쥐는 물속을 헤엄치는 것처럼 공기 중을 뚫고 날기 때문인데, 그만큼 에너지 소모가 큰 편이다. 비행하는 동안에는 어깨와 가슴이 두 날개 사이에서 중력의 중심부를 유지하고 있어서 비행 자체는 효율적이다.

그러나 비행 중의 박쥐의 심장 박동 수는 1분에 1,000번에 육박할 정도로 매우 빠르다. 그만큼 체력 소모가 크다는 걸 의미한다. 쉬게 되면 심장 박동 수가 1분에 400번으로 내려가지만 휴면 상태로 돌입하면 1분에 20번 정도로 떨어져서 에너지 소모가 별로 없다.

박쥐는 매달려서 온전히 쉬고 있다가 갑자기 다리를 회전시켜 몸의 방향을 틀지 않고도 앞으로 곧바로 날아갈 수 있다. 이런 능력은 박쥐의 특이한 뼈 구조 때문인데, 엉덩이 연결 부위에서 다리뼈 전체를 180도 회전할 수 있다. 나는 자세를 취할 때는 박쥐 뒷다리의 무릎이 뒤쪽으로 구부러진 모습이 된다. 이런 독특한 뼈의 구조 때문에 민첩한 행동이 가능하다.

박쥐는 천장에서 거꾸로 매달려 쉬고 있다가 급작스럽게 날 수 있고, 좁은 틈새를 비집고 재빨리 빠져나올 수도 있다. 포식자에게 허겁지겁 쫓겨 본 경험이 박쥐의 진화에 방아쇠가 되었을 것이다.

효율적으로 비행하는 방법

박쥐의 손가락은 손목 둘레에 퍼져 있다. 엄지는 날개 앞쪽에서 앞을 향해 있으면서 날개가 맞바람을 맞는 앞쪽 가장자리를 지지해 주고, 날지 않을 때는 기어오르거나 움직일 때 역할을 한다. 몇몇 박쥐는 발과 엄지손가락을 사용해서 아주 빠르게 움직인다.

다른 손가락들은 날개 막을 팽팽하게 펼치며 날개를 지지한다. 둘째 손가락과 셋째 손가락은 날개 끝으로 뻗어 있는데 항력에 대항해 앞쪽으로 날개를 당겨 날도록 앞쪽 가장자리로 뻗어 있다. 그래서 날개 앞쪽을 두껍게 하지 않아도 가깝게 있는 2개의 손가락뼈 덕에 공기를 뚫고 난다.

4번째와 5번째 손가락은 손목에서부터 날개 뒤쪽을 향해 있어서, 바람 흐르는 방향으로 뻗어 있기 때문에 뼈가 꺾일 위험이 낮다. 박쥐의 손가락이 앞쪽을 향했다면 뻣뻣한 막으로 공기를 밀어내며 생기는 힘 때문에 공기 저항에 늘 부딪힐 뻔했다. 그랬다간 자칫 손가락이 수시로 부러졌을지 모른다. 박쥐의 손가락은 다른 어느 포유동물보다 유연하고, 유연한 관절 덕에 박쥐는 활강하는 다른 포유동물이나 심지어는 새들보다도 더 움직임을 세심히 잘 조절하고 민첩하다.

손가락으로 펼친 날개로 비행하면서 물체에 부딪히거나, 반대로 작용하는 공기의 힘이 과도하다거나, 강한 충격을 받으면 관절에 무리가 가거나 뼈가 부러질 수 있는 상황이 발생한다. 그래도 관절에 이상이 생기는 것은 육상의 포유동물보다 적고, 뼈가 부러진다거나 뼈에 이상이 생기는 현상은 새보다 드물다.

박쥐의 날개가 강한 바람을 맞거나 외부 자극을 견디는 한계를 벗어나면 관절은 밀려서 불안정해지고, 뼈는 부러질 수 있다. 그런데 공중을 날며 맞바람을 맞는 날개는 유연성이 뛰어나다. 몸 위로 날갯짓을 할 때 저항을 가능한 줄이기 위해서 팔목을 이용해서 손가락으로 날개를 살짝 접기 때문에 항력을 줄일 수 있다. 그 덕에 힘겨울 뻔한 비행을 그래도 35퍼센트가량의 에너지를 줄이며 난다.

박쥐의 날개 크기와 모양은 박쥐가 어떻게 날 수 있는지에 영향이 크다. 대개 박쥐의 날개는 넓고 둥근 큰 날개이거나 좁다랗고 긴 모양을 하고 있는데, 박쥐 중에서 비행 속도가 가장 빠른 박쥐는 가늘고 긴 날개를 가진 멕시코자유꼬리박쥐로 시속 160킬로미터에 달한다.

식물의 꽃꿀이나 꽃가루를 먹이로 삼는 박쥐는 빨리 날아가는 전술에 치중하지 않고 공중에 한자리에 머물러 있을 수 있도록 진화했다. 둥글넓적한 날개를 빠르게 펄럭이면서 벌새가 하는 방식처럼 공중에서 멈춘 상태로 난다. 날개 앞쪽 가장자리가 소용돌이 바람을 만들어 내면서 양력을 얻는다. 이렇게 짧고 둥그런 날개를 가진 박쥐는 둔탁한 양 날개를 가진 비행기처럼 비행속도가 느리긴 해도 방향이나 움직임에 대한 조작 능력은 아주 뛰어나다.

그러나 개방된 공간에서 먹이로 곤충을 잡는 박쥐들은 빠른 속도로 날아가기 위해 좁다랗고 긴 날개를 가졌다. 이들은 장거리를 날 수 있지만 날개 조작이 자유롭지 못해서 공중에서 멈추지는 못한다. 몇몇 박쥐는 제트기처럼 매끈하게 가는 날개로 빠르게 난다. 이렇듯 박쥐의 날개는 종류에 따라 크기와 모양 차이가 있어서, 날개 생김새에 따라 비행 전술이 다른 것은 물론이다.

새의 날개보다 더욱 예민한 날개

박쥐의 날개는 새의 날개보다 더 얇고 더 많은 뼈로 구성되어 있다. 그래서 박쥐는 새보다도 날개를 더 정확하게 조절하고 양력을 더 잘 얻는 대신에 항력은 더 잘 줄여서 효율적으로 난다. 날개 막을 덮고 있는 아주 작은 털들은 외부 자극에 작은 감지기 역할을 하기 때문에 공기 중을 어떻게 날고 있는지 알 수 있다.

박쥐 날개의 비막은 표피가 극도로 얇은 두 겹의 표피층으로 이루어져 있다. 비막은 팔과 손가락뼈 사이에 잡아당겨져 있는데 몸 측면 아래로 뒷다리와 꼬리까지 연결되어 있다. 박쥐의 비막의 범위는 꼬리까지 해당되기 때문에 꼬리가 없는 박쥐도 있어서 종에 따라 다르다.

이 막은 연결 조직, 탄성 섬유, 신경, 근육, 그리고 혈관으로 이루어져 있다. 날개 막은 예민하고 쉽게 찢어질 수 있지만 다시 자라나는 데다 약간 찢어지더라도 빠르게 낫는다. 날개의 표면은 촉각에 민감한 작은 돌기들이 돋아나 있어서 사람의 손가락 끝이 느끼는 감각처럼 예민한 감각을 느낀다.

각 돌기 가운데에는 작은 털이 있는데, 이 털은 아주 작은 공기 흐름에도 살짝 흔들리기 때문에 박쥐는 공기 흐름의 변화를 예리하게 알아차린다. 공기의 흐름이 바뀌는 걸 감지하고 적응하면서 효율적인 비행은 물론 비행 속도도 조절하고 장애물을 순식간에 피한다. 특히 식충 박쥐들은 촉각을 느끼는 섬모를 조절하면서 비행 중인 곤충을 잡기 위해 더 민감하게 난다.

근육은 비행하는 동안 막을 팽팽하게 유지하는 역할을 한다. 박쥐는 유연성이 좋은 날개 막으로 팽팽한 긴장감을 유지하는 반면에, 새들의 날개는 뻣뻣하고 어깨에서 비틀어 접을 수 있어서 박쥐의 날개에 비하면 경직되어 있는 셈이다.

박쥐는 날개폭을 줄이면서 위로 날갯짓하고 활강할 때 방향도 섬세하게 조절할 수 있지만 새들보다는 먼 거리를 여행할 수가 없다. 날갯짓이 바람을 타고 새처럼 나는 움직임이 아니라 능동

적으로 세밀하게 목표를 향해 날아가기 때문에 체력 소모가 큰
탓이다.

어둠 속을 날아다니는 비결

흔히 박쥐는 어둠 속에서 머리카락 굵기의 물체를 찾아내고 피
할 수도 있다. 이런 능력은 음파탐지기처럼 자신이 만들어 낸 소
리와 음파가 부딪쳐 메아리가 되어 되돌아오는 소리로 물체의
위치를 파악한다. 이런 방법을 '반향정위'라 일컫는다.

박쥐는 자신이 내는 소리의 종류를 조절하는 능력이 있다. 주
파수는 종에 따라 높낮이에 차이가 있고, 오래 남거나 짧게 끊기
는 지속성도 다양하다. 그래서 박쥐는 여러 종이 함께 머무는 굴
이나 열대우림에서도 서로 다른 소리로 소통하면서 지낼 수 있
다. 물체의 크기, 모양, 거리, 방향, 재질에 따라 음의 반향이 달라
지기 때문에 혼동하기 쉬운 조건에서도 잘 알아차린다.

그렇다고 박쥐가 늘 자신이 내는 소리로 주변 환경을 알아차
리는 것은 아니다. 개구리가 내는 소리나 딱정벌레가 걷는 소리
처럼 먹잇감이 내는 소리를 탐지하고 위치를 파악해 날아간다.

모든 박쥐는 눈이 있고 눈으로도 볼 수 있다. 그러나 작은박쥐
류는 눈이 아니라 소리로 사물의 위치를 파악한다. 그래서 눈이
작은 대신에 귓바퀴가 크다. 귓속의 감각상피가 크고 발달된 감
각모에 의존해 비행 목표를 잡고 위험을 피한다.

박쥐는 밤에 활동하는 새보다 더 깜깜한 어둠 속을 재빨리 날도록 적응했다. 박쥐는 낮 동안 포식자를 피할 수 있는 보금자리에 머물다가 밤이 되면 후다닥 날아오르는데, 어두운 밤에 먹이의 위치를 파악하고 잡을 수 있는 올빼미라 할지라도 박쥐를 잡기가 어렵다. 어둠 속에서도 동작이 날렵하기 때문이다.

박쥐가 야행성으로 살아가는 이유는 나는 힘이 뛰어난 새와의 경쟁을 피하는 것뿐 아니라, 박쥐의 날개의 막이 대낮에 건조해지는 위험을 피하는 것까지 포함된다. 그렇지만 열대우림에 사는 박쥐 중에는 축축한 곳에서 지내다 보니 날개의 막이 말라 버릴 위험이 없어서, 마음먹고 낮에 활동하는 종류도 있다.

박쥐는 날아다니는 방법으로 생존하면서 수많은 포유동물 경쟁자를 따돌리고 활동 영역을 확보하게 되었다. 그러나 공중의 강력한 포식자인 새와 경쟁하는 것은 만만한 일이 아니었다. 그래서 박쥐는 위험을 최소화했는데, 경쟁자가 많지 않은 밤을 틈타 먹이 사냥에 나서는 비행 방법을 택했다.

박쥐의 비행 실력은 먹이로 택한 곤충보다 한 수 위다. 식충박쥐 한 마리는 밤마다 자신의 몸무게의 3분의 1만큼의 해충을 섭취할 수 있다. 뛰어난 비행 실력과 사냥 실력으로 모기, 나방, 메뚜기, 딱정벌레, 벌 같은 곤충을 잡아먹는다. 특별한 비행 실력을 갖추었다 해도 박쥐가 초저녁에 큰 무리로 보금자리에서 나올 때는 느닷없이 포식자의 공격을 받기 쉽다. 뱀이나 매 같은 포식자는 황혼 무렵에 굴 어귀에서 기다렸다가 박쥐 떼가 나올 때 공격하기도 한다. 올빼미나 다른 큰박쥐류 그리고 지상의 육식동물도 박쥐를 먹잇감으로 노린다.

식충 박쥐는 엄청난 양의 해충을 먹어 치우기 때문에 인간의 처지에서 보면 고마운 동물이다. 특히 박쥐는 작물을 해치고 질병을 퍼뜨리는 벌레를 없애 줄 뿐 아니라, 너무 익거나 상품 가치가 없는 열매를 주로 먹고 균이나 해충을 미리 줄여 주어서 농작물에 제법 도움을 주기도 한다.

하늘을 나는 여우, 과일박쥐

얼굴이 여우와 많이 닮아서 '날여우'라 불리는 박쥐가 있다. 얼굴을 보면 육상동물 같은데 여기저기를 날아다니는 모습이 무척 신기하다. 그런데 날아다니는 이 여우는 박쥐류에 속한다. 당연히 몸 크기는 작고 가볍다. 이 박쥐는 박쥐 중에서 가장 몸집이 크고 무거우며, 과일박쥐라고 불리기도 한다. 한편, 개가 어깨에 견장을 차고 날아다니는 것처럼 보이는 견장과일박쥐도 있다. 이들은 큰박쥐류에 속하는 과일박쥐로, 모두 눈이 크고 시력이 좋다.

이러한 과일박쥐는 예민한 시각과 후각에 의존해 방향을 찾는다. 밤의 어스레한 어둠 속에서도 시력에 의존해 움직이기 때문에 눈이 크고 도드라진 데다 주둥이가 길다. 이들을 뚜렷이 따지지 않고 그냥 구분 없이 모두 날여우라고 일컫기도 한다. 꼬리는 없지만 날아다니는 여우라고 부르는 것은 작아도 길이가 긴 귀에다 귀 끝이 뾰족하고, 눈이 커서 머리가 작은 여우와 닮은 모습이기 때문이다.

120그램에서 1.6킬로그램에 이르기까지 몸무게가 다양한데, 쥐보다는 크고 산토끼보다는 많이 작지만 몸집이 작은 솜꼬리토끼 크기만 하다. 가장 큰 날여우는 날개를 펼쳤을 때 길이가 1.7미터에 달해서 나무 사이에서는 날개를 움직이는 데 신중해야 한다.

날기 위해 중력과 항력을 이기려면 몸집이 커서는 안 된다. 박쥐보다 5,000배는 무거운 코끼리가 날아다니는 일에 관심 가질 일이 없는 건 당연하다. 실제로 실컷 먹느라 몸집이 커져 나는 걸 포기한 새들도 많이 있다.

비행할 때는 움직임이 정교해야 하고 목표를 찾는 것도 정확해야 한다. 곤충을 먹는 작은박쥐는 소리를 내고 메아리가 되어 되돌아오는 음으로 물체와 물체의 위치를 파악하지만, 날여우는 눈이 크고 동굴이나 숲 속의 희미한 빛 속에서도 얼굴 앞면에 있는 양 눈으로 앞을 본다. 입체적으로 사물을 알아차리고 거리를 파악하면서 희미한 어둠 속을 비행한다.

동굴 속에서 방향을 잡고 날 때 높은 음을 낸 다음 메아리를 들으며 방향을 잡는 과일박쥐가 있긴 해도, 거의 대부분의 과일박

여우와 닮아서 '날여우'라고도 불리는 과일박쥐는 박쥐 중에서 가장 몸집이 크고 무겁다.

쥐는 메아리를 활용하지 않고 눈으로 본다.

기억력이 좋은 날여우

후각이 예민해서 먹이 위치를 잘 알아차리고, 어미가 새끼 있는 곳을 알아차리는 단초도 후각이 제공하지만, 목표 지점을 향하는 것은 주변을 보면서 머리 앞쪽에 위치한 눈을 활용해 날아간다.

과일박쥐는 계통 발생적으로 작은박쥐보다 영장류에 좀 더 가까운데, 영장류와 시각 통로의 유사성이 더 크기 때문이다. 과일박쥐는 몸 크기에 비례하는 대뇌 비율이 커서 가정에서 기르는 개의 대뇌와 맞먹는다. 그래서 날여우는 애완용 개가 오랜 기간 정보를 인식하고 믿음을 쌓아 가는 것과 같은 행동을 보인다.

꾸준히 먹이가 있는 장소를 기억하고 필요한 시기에 따라 방문하는 전략으로 살아간다. 학습한 것을 잊지 않고 기억해 내는데, 이동 범위가 넓어서 매년 수천 제곱킬로미터의 면적을 돌아다닌다. 간혹 자신이 머무는 홰에서 많이 떨어진 40~60킬로미터나 먼 곳까지 먹이를 구하러 날아가기도 하는데 날여우는 시속 20킬로미터 정도로 3~4시간 이상을 비행하기도 한다. 빨리 날면 시속 30킬로미터에 달한다.

커다란 눈으로 밝은 곳에서는 색깔까지 자세히 인식할 수 있지만 색깔을 파악하는 시세포는 0.5퍼센트 정도밖에 되지 않고, 나머지는 어둠 속에서 사물을 파악하는 시세포로 구성되어 있다.

그래서 대부분은 밤에 활동하는 데 지장이 없지만, 간혹 섬에 사는 박쥐 중에는 포식자가 별로 없어서 낮에 활동하는 종류가 몇몇 있긴 하다.

수컷은 어깨에 지방질의 수컷호르몬을 방출하는 샘이 있는데 냄새로 자신의 영역을 표시한다. 특히 짝짓기 계절에는 그렇다. 수컷은 또한 자신의 소변을 몸에 묻히는데, 개과 동물이 소변으로 영역을 표시하는 것과 같은 행동이다.

날여우는 자신의 몸무게의 25~35퍼센트를 매일 먹어야 하는 만큼 에너지 소모가 많은데, 먹이 습성이 까다롭지 않아서 아무거나 닥치는 대로 먹을 수 있다. 파인애플, 무화과, 망고, 귤, 파파야 열매, 바나나, 아보카도, 포도와 같은 과일이나 꽃, 꽃꿀, 잎을 먹고 매미와 같은 곤충들을 먹기도 하는데, 작물까지 먹어 대서 피해를 주기도 한다.

날아다니며 숲을 가꾸다

날여우는 나무에 앉을 때 뒷발의 갈고리발톱을 이용해 나뭇가지에 매달리고 엄지의 손톱을 이용해서 꽃이나 과일이 있는 나뭇가지를 잡아당겨 먹는다. 과일을 입에 넣고 압축해서 주스를 짜먹고 나머지는 버린다. 날여우는 섬유질이 많은 음식에는 잘 적응하지 못했다. 그래서 과일을 먹을 때 섬유질이 많은 부분은 먹지 않고 이빨로 과일의 딱딱한 껍질을 부수고는 과즙을 입 속에서 쥐어짜 먹거나 빨아먹는다.

날여우는 광범위한 면적을 비행하기 때문에 식물의 씨앗을 먹이를 먹은 곳에서 20킬로미터나 떨어진 곳에다 떨구기도 한다. 이를 통해 식물이 번식하는 데 도움을 준다. 과일을 먹는 다른 동물들은 육상동물이어서 씨앗을 퍼뜨리는 일에 제한이 있어 멀리 가지 못하지만, 날여우는 멀리까지 비행해서 변으로 씨앗을 떨구고 나무를 퍼뜨리는 일을 맡는다. 먹이가 날여우의 장을 통과하는 시간은 아주 빨라 12분 정도밖에 안 걸리지만 씨앗은 20시간이나 장 속에 머무를 수 있기 때문에 가능하다.

과일을 짜 먹고 내버리는 씨앗이나 변으로 나오는 씨앗을 통해 씨앗이 여러 장소로 퍼지면서 숲의 나무들이 퍼져 자라게 만든다. 망가진 숲이 재생될 때 무화과나무 같은 경우는 먼저 자라면서 선구적인 중요한 역할을 하는데 무화과나무 씨앗을 퍼뜨리는 것도 박쥐의 역할이다.

날여우는 열대와 아열대 지방에 걸쳐 살아서, 인도에도 있고, 호주, 동아프리카, 인도양과 태평양의 몇몇 섬에 산다. 과일이나 식물 이것저것을 주로 먹는데 곤충 또한 잘 먹는다. 딱딱한 열매 껍질을 뚫기 위해 단단한 이빨이 있는 종이 있는가 하면, 꽃가루를 먹는 종은 혀가 길어서 혀를 꽃 속에 넣고 꽃가루를 핥아먹고, 수분을 도우면서 생태계에 이득을 준다.

바람을 자유로이 타는 날다람쥐

날다람쥐는 비행 능력을 갖추었다기보다는 바람을 타고 나는 실력을 키운 동물이다. 그렇다고 높은 나무에서 비막을 충분히 펴고 비스듬하게 아래쪽으로 내려가는 단순한 활강 방법만을 택하는 것도 아니다. 공기역학을 이용해 방향이나 고도를 바꿀 수도 있어서 정확하게 목적지에 도달하는 비행 능력을 갖췄다.

박쥐의 비행 능력에는 단연코 모자라지만, 이 나무에서 저 나무로 날아갈 정도의 실력은 갖췄다. 활공 거리는 보통 7~8미터이며, 필요하면 바람을 절묘하게 타면서 30미터 이상 활공하기도 한다. 날다람쥐는 다리를 펴쳐 비막의 각도를 바꾸며 가능한 만큼 공중에 좀 더 머물고, 속도를 높이면서 좀 더 먼 거리를 활공하는 능력을 키워 왔다.

날다람쥐는 주로 밤에 활동한다.

날다람쥐는 200미터에 이르는 거리까지 이동한 기록이 있다. 동력 비행은 안정된 비행 고도를 유지할 수 있지만, 무동력 비행으로 움직인다는 것은 일정 고도를 유지한다거나 속도를 유지할 수 없다. 때문에 비행 요령을 터득했다 해도 날아가는 거리에는 당연히 한계가 있기 마련인데 이 점에서 날다람쥐는 탁월한 무동력 비행 요령을 입증한 셈이다.

날다람쥐는 주로 밤에 활동한다. 왜냐면 대낮에 잡아먹겠다고 새들이 달려들면 재빨리 피할 도리가 없기 때문이다. 그래서 어둠을 타고 살며시 활동하면서 웬만큼 소화되는 건 뭐든지 닥치는 대로 먹어 대며 잡식성으로 살아간다. 하지만 어린 날다람쥐는 아무래도 피하는 데 서툴러서 올빼미나 나무에 사는 뱀, 스라소니, 코요테 등에게 잡아먹히면서 평균 수명이 6년 정도로 짧다. 동물원에서 15년까지도 사는 것에 비하면 턱없이 모자라다.

나무 위에서 활공을 시작하면서 막을 노출시키기 위해 다리를 펼치는데, 날다람쥐가 살고 있는 우림의 나무들은 키도 크고 넓은 공간을 차지하고 있기 때문에 빠르게 나무 사이를 이동하는 수단으로는 활공이 효율적이다.

날다람쥐가 왜 활공하는 방향으로 진화했는지 몇 가지 가설이 있는데 그중 하나는 먹이를 찾는 데 에너지의 효율성으로 설명할 수 있다. 빠른 속도로 활공하면서 날다람쥐는 나무 위를 오르내리는 다른 다람쥐보다 훨씬 빠른 속도로 먹이를 찾아 숲 속의 넓은 면적을 뒤질 수 있다.

다른 가설은 가까이에 있는 포식자를 피하고 부상을 막기 위해 진화한 기술로 설명 가능하다. 어떤 특정한 나무에서 위험한 상황에 처했다면 다른 나무를 향해 뛰었을 것이고 위험을 피할 수 있었을 것이다. 도약하는 동안 위로 이륙하고 착륙하는 과정에서 안전을 위해 실행한 그 나름의 방법이 활공 기술과 외모로 진화한 것이다.

빠른 속도로 도약하는 것은 위험을 피하는 데 중요한 일인 반면, 새로운 나무에 내릴 때 강한 힘으로 뛰어내리게 되면 다람쥐의 관절이나 건강에 해가 된다. 그래서 안정된 활공 기술이 필요하다. 만일 도약할 때 잘못 계산한다면 날다람쥐는 다시 활공 능력을 발휘해서 다시 원래의 위치로 쉽게 돌아갈 수 있다. 날다람쥐는 목표가 되는 나무에 도달하기 위해서 크게 활공하는 각도를 만들어 내고, 공기의 저항이 늘어나면 속도를 줄이고 해를 줄이기 위해 다리 4개를 모두 사용한다.

날다람쥐의 비행을 위한 외모

날다람쥐는 날개가 있는 것은 아니고 몸 양쪽으로 피부의 막을 갖고 있다. 몸 쪽과 앞다리와 뒷다리 사이를 연결하는 부드러운 털로 덮인 낙하산과 같은 막이 몸통 옆을 따라 길게 뻗어 있다. 이렇게 손목에서 발목까지 뻗쳐 있는 피부 막을 이용해서 활공한다.

날다람쥐는 위치를 바꾸면서 막을 구부리거나 꼬리와 다리를 움직이면서 활공비행을 조절한다. 날다람쥐와 나무에 사는 다람쥐를 비교해보면 몸 크기는 비슷해도 날다람쥐는 허리 부분의 척추 길이와 팔다리가 길어져 있다. 일반 다람쥐보다 다리 길이가 긴 것은 넓은 비막을 확보해 손쉽게 활공하기 위함이다.

반면에 손과 발의 뼈는 짧고, 척추의 말단 꼬리뼈도 길이가 짧다. 겉모습은 일반 다람쥐와 아주 비슷하긴 하지만 자신의 생활방식에 맞게 변신한 모습이다. 손과 발의 뼈가 짧은 만큼 걷는 움직임이 어설프다.

이러한 차이로 일반적인 다람쥐와는 다르게 4개의 다리로 걷는 움직임에 잘 적응하지 못해서 활공하는 능력에 더 의존하게 되었다. 사실 이 나무에서 저 나무로 먹이를 먹으러 갈 때 나무를 타고 내려가는 움직임과 바닥에서 움직이고 다시 나무 위로 올라가는 일은 시간도 많이 걸리고 에너지 낭비가 많다. 게다가 나무 높이가 높으면 수고를 더 많이 해야 해서, 공중에서 나무를 뛰어넘는 일은 위험하긴 해도, 에너지 낭비가 적고 아주 효율적인 방법이긴 하다.

활공할 때 4개의 다리와 꼬리를 이용해 방향을 잡고 비행을 조절하는데, 공중에서 다리의 위치를 바꾸면서 방향과 속도를 바꾼다. 길고 납작한 모양으로 보풀이 있는 꼬리는 비행할 때 흔들림을 줄이고 안정감을 줄 뿐 아니라, 꼬리는 보조 날개 역할도 하는데 나뭇가지에 내려앉기 직전에 공중에 멈추게 만드는 역할도 한다.

손목뼈에는 작은 연골이 돌출되어 있어서, 공기역학적인 움직임을 조절하는 유용한 역할을 한다. 철필과 같은 침 모양의 연골은 앞발을 따라 날개 끝을 형성하기 때문에 활공하는 동안 다양한 각도로 변화시키고, 날개 끝을 확장하면서 이 돌출부를 활공하는 동안에는 위쪽으로 향하게 놓고 방향을 조절한다. 이 특수한 연골은 날다람쥐에만 있고 활공하는 다른 동물들에게는 없는 특별한 구조다.

손목은 또한 피부의 막을 팽팽하게 잡아당기는 정도를 조절하는데 부드러운 털로 덮인 낙하산과 같은 막을 손목에서 발목까지 잡아당기고, 막이 받는 날개 하중을 최소화하도록 적응했다.

날아다니는 뱀과 개구리가 있다고?

'날뱀'이라 불리는 뱀은 나무 위에서 뛰어내리며 활공하는 뱀이다. 나무 사이를 이동하는 거리가 100미터에 이르기 때문에 날뱀의 비행 실력은 우습게 볼 일이 아니다. 날뱀은 다리가 있는 것도 아니고 날개가 있는 것도 아니고 날개를 닮은 막이 있지도 않지만 날다람쥐나 다른 활동하는 동물보다 활공 실력이 뛰어나다. 그래서 밀림이나 웬만한 숲 속에 살면서 수십 미터는 식은 죽 먹기로 활공해서 이동한다.

날뱀의 활공은 순전히 뱀의 실력으로 마치 비상할 때 탄도 발사처럼 목적을 향해 가고, 공기 중에서 미끄러지듯이 움직이며 비행자세를 조절한다. 시작점에서부터 빠르게 출발할수록 멀리 갈 수 있어서 시작부터 예민하게 반응한다.

나뭇가지에서 공중으로 뛰어내리기 전에 몸 모양을 알파벳 J와 닮은 모양으로 구부린다. 그리고는 몸을 치켜들고 위로 솟구쳐 오르면서 나무에서 멀리 떨어져 나간 다음, 숨을 빨아들여 배를 안으로 쑥 들이밀고 늑골을 너울거리면서 몸을 오목한 날개 모양으로 만든다. 착륙할 때 안정되게 착륙할 수 있도록 지면과 평행하게 옆으로 구불구불 기는 움직임으로 공중에서 안정된 방향을 잡는다.

나무에 사는 개구리 중에서는 활공 실력을 기른 '날개구리' 종류가 있다. 날개구리로 보자면 3,400여 종에 이르는 개구리가 활공 실력을 길렀다. 이 날개구리 종류는 나무에 살거나 땅에서부터 꽤 높은 장소에 사는데, 손과 발이 아주 커져 있다. 모든 손가락과 발가락 사이에는 막으로 꽉 차 있는 데다 팔과 다리 사이의 옆구리에도 피부 막이 확장되어 있고 머리 옆에도 막이 있다.

날개구리는 높은 곳에서 수평방향보다 좁은 각도로 하강하면서 활공한다. 날개구리가 아닌 개구리들은 뛰어내릴 때 낙하산을 펼치듯 몸을 벌려 하강한다 해도 수평에서 45도보다 더 큰 각도로 하강하는 것과는 차이점이 있다. 중국날개구리는 날면서 공중에서 돌거나 구르면서 몸 동작을 바꿀 수 있다.

날개구리는 코에서 항문까지의 몸 길이에 비례한 몸무게가 가볍기 때문에 막을 활용하며 활공할 때 비행에 부담이 적다. 이러한 형태학적 변화는 날개구리가 공기역학적인 힘을 이용해 활공할 수 있게 했다.

날치와 날오징어

바다에는 날아다니는 물고기가 있다. 바로 날치인데, 날치가 활공하는 거리는 대개 30~50미터 정도다. 요령껏 파도의 가장자리에서 솟아오르는 바람을 타면 수백 미터를 활공하기도 하는데, 상승기류를 타고 400미터 거리까지 활공한 기록이 있다. 날치는 바람과 파도가 함께 만들어 내는 상승기류의 절묘한 방향에서 곧바로 날아가면서 공중에 머무는 시간을 늘려 가는 능력이 본능적으로 탁월하다.

강력한 자체 추진력으로 물 밖을 나와 공기 중으로 뛰어오르고, 길고 날개처럼 생긴 지느러미를 사용해서 활공비행하고 물표면 위의 상당한 거리를 이동한다. 이런 흔치 않은 능력은 물속에 등장한 포식자를 재빨리 피해 도망가기 위해 개발한 자연적 방어 기술로도 볼 수 있다.

날치는 날개가 2개인 종류와 4개인 종류로 나눌 수 있다. 양쪽 가슴지느러미를 날개처럼 펼치는 종류가 있고, 양쪽 가슴지느러미와 배지느러미를 4개의 날개처럼 활짝 편 채 활공하는 종류가 있다. 크게 확장된 지느러미를 펄럭이지는 않고 그저 활공하는 용도로만 사용하고 있다. 날치 중에는 마치 새가 활공하는 것처럼 활공 실력이 뛰어난 종류도 있다.

날치가 활공하는 거리는 대개 30~50미터 정도다.

날치는 대략 64종이 바다에 산다. 날치는 지구상의 모든 바다에 살고 있긴 하지만 특히 열대와 아열대의 바다에 주로 많다. 표해수층이라고 부르는 해수면에서 200미터 이내로 햇빛이 투과해 들어오는 깊이 정도의 바다 표층이 날치의 서식지다.

날치는 물속을 떠나기 전에 수면을 전속력으로 헤엄치며 속도를 높이는데 초속으로 대략 몸 길이의 30배만큼의 속력을 내고, 몸을 일으켜 물 표면을 뚫고 꼬리로 수면을 타듯이 물 밖으로 빠져나와 자유를 향해 솟구친다. 날치 중에서 가장 큰 것은 몸 길이가 45센티미터에 이르지만 대부분의 날치는 길이가 30센티미터를 넘지 않는다.

날치는 유연성을 줄였다. 날치의 척추는 단단해서, 견고한 척추가 비행할 때 장점이 되는데, 몸이 단단해서 공기역학적으로 이득인 점은 비행할 때 흔들림을 줄일 수 있고, 이러한 강인함이 물 밖으로 몸을 띄우고 놀라울 만큼의 먼 거리를 활공할 수 있게 한다.

물 밖으로 위쪽을 향해 활공하기 위해서는 꼬리를 1초에 70번은 흔들어야 한다. 그러고 나서 가슴지느러미를 펼치고는 양력을 얻기 위해 지느러미를 위쪽으로 약간 기울인다. 가슴지느러미의 측면을 보면 새의 날개처럼 공기역학적으로 비행할 수 있는 모양을 하고 있다.

날치는 물속으로 꼬리를 살짝 담갔다가 앞으로 추진하는 힘을 만들어 다시 활공하면서 지속적으로 움직일 수 있다. 주기적으로 꼬리를 물에 살짝 담갔다가 다시 앞으로 활공하는 움직임으로 가장 오랫동안 활공한 기록은 45초에 이른다. 날치는 공기와 파도가 합작품으로 만들어 내는 상승기류의 방향으로 몸을 틀어 가슴지느러미의 각도를 조절하며 날면서 공기 중에서 날아가는 시간을 늘릴 수 있다. 어찌 보면 진화적으로 비행과 활공의 경계에 있는 셈이다.

활공을 마치고 나면 가슴지느러미를 접고 바다로 들어갈 준비를 한다. 물론 치켜들었던 꼬리는 물속으로 밀고 들어가기 위해 축 떨구고 바닷속에 미끄러져 들어가기 위해 방향을 바꾼다. 꼬리는 아래로 떨어뜨리고 물속을 향해 밀고 들어간다.

날오징어는 물속에서 빠른 속도로 헤엄치다가 포식자를 피해 물 밖으로 활공한다. 날오징어의 종류는 전 세계 바다에 20종이 넘는다. 생명을 지속하고자 물 위로 뛰쳐나오다가 점차 날아가는 능력을 갖춘 생물로 진화한 것이다.

날오징어가 날아가는 능력을 얕보아선 안 된다. 초속 11.2미터의 속도로 무려 30미터의 거리를 날아가는 것이 관찰되기도 했다. 오징어는 물 밖으로 나와 앞으로 추진할 때 공중에서 지속적으로 물을 분출한다. 그래서 날오징어는 모든 동물을 통틀어서 오직 제트기의 분사 방식으로 공중 이동하는 유일한 동물이다.

1918년에 유행한 스페인 독감은 세계 인구 3분의 1을 감염시켰
고 3,000만 명 이상의 생명을 앗아 갔다. 1957년 아시아 독감은
100만 명, 1958년에는 홍콩 독감으로 약 70만 명이 목숨을 잃
었다. 또한 2009년 신종플루는 A형 인플루엔자 바이러스가 변
이를 일으킨 것으로, 26만 명이 감염되었고 약 1,500명이 사망
했다. 그동안 많은 사람의 목숨을 앗아 간 독감을 일으키는 원
인 바이러스, 인플루엔자 바이러스는 1~3일의 잠복기를 거쳐
39도가 넘는 고열과 심한 근육통을 일으킨다. 폐렴·천식 등 합
병증으로 이어질 수 있어 위험하다.

그동안 독감 치료제를 개발하기 위해 연구원들은 끊임없이
노력했고, 마침내 1996년 미국 제약사인 길리어드는 항바이러

스 치료제인 '타미플루'를 개발해 냈다. 중국 토착 식물인 향신료 '팔각'에서 추출한 시킴산shikimic acid을 원료로 화학적 합성 과정을 거쳐 만들어 낸 오셀타미비어Oseltamivir의 상품명이 타미플루다. 타미플루처럼 식물에서 추출한 원료로 의약품을 만든 사례는 많다. 2015년 중국의 약학자 투유유는 개똥쑥에서 아르테미시닌Artemisinin 성분을 추출해 말라리아 치료제를 만든 업적으로 노벨상을 받기도 했다.

의약품 외에도 여러 분야에서 생물자원을 활용할 수 있다. 그 예로 새의 깃털 색을 결정하는 나노 구조를 모방해 소프트 나노 소재를 개발하거나, 모르포나비의 날개 비늘을 모방해서 신 디스플레이 소재를 개발하는 것을 들 수 있다. 이처럼 많은 분야의 기술이 생물자원을 토대로 발전하고 있다. 이때 각 분야의 연구자에게 생물자원의 정보를 제공하는 업무를 하는 사람이 바로 생물자원 전문가다.

'나고야 의정서'는 생물 유전자원을 이용하는 국가는 그 자원을 제공하는 국가에 승인을 받아야 하며 이익을 공유해야 한다는 내용을 담고 있는 국제 협약이다. 우리나라도 참여했으며 2010년에 성립된 이 협약에 따라 우리나라의 생물자원을 관리하는 생물자원 전문가의 일이 중요하게 부각되고 있다.

생물자원 전문가는 다양한 생물의 모든 영역을 조사 연구하여 기술 발전에 밑바탕이 될 데이터베이스를 구축한다. 그 연구 결과를 바탕으로 여러 분야의 연구자가 인간에게 유익한 새로운 기술로 발전시킬 수 있다. 또한 이 데이터를 근거로 우리나라 생물자원을 다른 나라에 원료로 제공할 수 있으며 그 이익을 공유할 수 있는 권리를 갖게 된다. 생물자원 전문가가 되기 위해서는 생물학, 생태학, 생물다양성 관련 전공을 선택해야 한다. 채용 학력은 학사부터 박사까지 다양하며 논문을 발표한 적이 있거나 연구 경력이 있으면 좋다.

우리나라 생물자원을 관리하는 기관은 대표적으로 '국립생물자원관'이 있다. 이곳에서 일하는 생물자원 전문가는 생물자원의 연구·관리를 위해 국가생물종 목록 구축 및 확증표본 확보, 생물자원 유전자 다양성 연구, 야생동물 실태 조사 및 이동 경로 연구 등을 한다. 또한 생물자원의 효능·성분 분석 정보를 확보, 생물산업 원천소재의 확보 등을 통해 생물자원을 이용할 수 있는 기반을 다진다. 다른 국내 기관으로는 국립낙동강생물자원관, 생물자원센터KCTC, 횡성 홀로세생태보존연구소 등이 있다.

국립생물자원관에서는 중고등학생을 대상으로 진로 체험 프로그램, 생물자원 교실 등 다양한 교육 프로그램을 제공하고 있으며, 홀로세생태보존연구소에서도 홀로세생태학교를 운영하고 있으니 프로그램을 통해 자원관리 분야 업무를 체험해 보기 바란다.

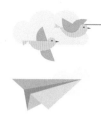

진로 찾기 **유전공학 연구원**

하늘을 날고 있는 비행기에 새가 부딪힌다면 어떻게 될까? 얼핏 상상하기엔 작은 새가 큰 비행기에 부딪힌다고 해도 비행기는 멀쩡할 것 같다는 생각이 든다. 하지만 실제로는 하늘을 날고 있는 속도 때문에 충격이 엄청나다. 만약 1.8킬로그램인 새가 시속 960킬로미터로 비행하는 항공기와 부딪치면 이는 약 64톤 무게의 충격을 주는 것과 같다고 한다. 이런 타격으로 비행기의 엔진이 손상되거나 기체가 파괴되면 엄청난 사고로 이어질 수 있는 것이다. 최근 이러한 버드 스트라이크 사고를 막기 위해, 비행기에 남은 깃털 등의 흔적을 통해 유전자 분석을 하는 작업이 진행되었다. 그 결과 종다리가 가장 많았고 멧비둘기, 제비, 황조롱이 순으로 비행기에 자주 부딪힌다는 결론을 내릴 수 있었다. 이를 바탕으로 각 조류의 습성에 따라 사고를 막을 방안을 구상할 것이다.

이처럼 유전자 분석은 상상하지 못할 만큼 다양한 분야에서 제몫을 다하고 있다. 진화계통학에서도 유용하게 쓰일 수 있는데, 유전자의 변화 추이를 관찰하면 그 진화 과정을 파악할 수 있다. 예를 들어 조류의 이빨이 소실된 것은 이빨의 에나멜과 상아질을 만드는 유전체 부분에서 돌연변이를 일으켰음을 연구를 통해 확인했다. 또한 조류의 알록달록한 깃털 색깔이 서식지마다 다른 이유도 유전체에서 발견할 수 있다. 물새는 베타케로틴 성분 유전자가 적고, 육지에 사는 새는 이보다 2배, 색이 화려한 애완조류나 가금류에서는 8배가 많다는 사실이 밝혀졌다. 조류와 같은 동식물의 유전자는 국립생물자원관에서 관리하고 있다.

그렇다면 사람의 유전자는 어떨까. 사람의 유전체는 1990년에 시작되어 2003년에 완료된 '게놈 프로젝트'로 인해 그 염기서열이 모두 밝혀져 있다. 더 나아가 요즘은 어떤 유전자가 질병을 일으킬 확률이 높은지도 분석하고 있다.

또한 유전자 분석은 범죄자를 구속할 확실한 증거로 작용하기도 한다. 사건 현장에서 발견된 피부 조직이나 머리카락 등의 신체 일부분을 분석해 DNA 분석을 하면 사람마다 DNA는 마치 지문처럼 다 다르기 때문에 쉽게 범인을 찾아낼 수 있다.

DNA는 사람 몸에 있는 수많은 세포, 인체 모든 곳에 존재한다. 범인이 범행 현장에서 피우고 버린 담배꽁초에 묻은 침, 자기도 모르게 떨어진 머리카락, 소량의 혈흔에서도 DNA가 검출된다.

동식물의 유전체는 계통학, 고고학, 생물보전 분야에서 연구할 수 있다. 또한 유전공학적으로 동식물의 유전체를 변형해 해충이나 병원균에 강한 GMO나 LMO^{생식과 번식을 할 수 있는 유전자 변형생물체}를 개발할 수도 있다. 사람의 유전체를 연구한다면 유전자 감식 수사 연구원으로서 국립과학수사연구소의 유전자감식센터와 검찰 내 검사실에서 일하거나 기초과학연구원(IBS), 한국의과학연구원, 한국생명공학연구원, 한국보건의료연구원 등의 여러 연구기관에서 연구원으로 일할 수 있다. 의학 분야에 종사하면서 질병의 원인이 되는 유전자가 무엇인지를 밝히는 연구를 진행하는 경우가 많다. 유전체 분야 연구원이 되려면 생물학과, 생명공학과, 생체공학과, 의학, 약학 계열의 학과를 전공하는 것이 유리하다. 석사, 혹은 박사 과정을 마치면 국가기관, 국가출연연구소, 기업부설연구소, 의약품 생산업체 등에 취업하여 연구를 계속할 수 있다. 주로 연구실에서 연구를 진행하며 침착하고 집중력이 있어 손으로 조작하는 실험기구를 잘 다룰 수 있는 사람에게 적합하다. 또한 연구 결과를 얻기까지 시간이 오래 소요되거나 여러 번 반복해야 할 수 있으므로 인내심이 있다면 더욱 알맞은 직업일 것이다.

참고 자료

도서

• David Grimaldi, Michael S. Engel, 《Evolution of the Insects》, New York: Cambridge University Press, 2005
• U. M. Norberg, P. C. Wainwright, S. M. Reilly(eds.), 《Ecological Morphology: Integrative Organismal Biology》, University of Chicago Press, 1994

논문

• A. V. Badyaev, G. E. Hill, Evolution of sexual dichromatism: contribution of carotenoid versus melanin-based colouration. Biological Journal of the Linnean Society 69(2): 153–172. 2000
• K. L. Bishop, The Evolution of Flight in Bats: Narrowing the Field of Plausible Hypotheses. The Quarterly Review of Biology 83(2): 153–169. 2008
• Xin Cheng, Mao Sun, Wing-kinematics measurement and aerodynamics in a small insect in hovering flight. Scientific Reports 6(1): 25706. 2016
• C. J. Clark, R. Dudley, Flight costs of long, sexually selected tails in hummingbirds. Proceedings of the Royal Society B: Biological Sciences 276(1664): 2109–15. 2009
• Muir D. Eaton, Scott M. Lanyon, The ubiquity of avian ultraviolet plumage reflectance. Proceedings: Biological Sciences 270(1525): 1721–1726. 2003
• K. H. Elliott, R. E. Ricklefs, A. J. Gaston, S. A. Hatch, J. R. Speakman, G. K. Davoren, High flight costs, but low dive costs, in auks support the biomechanical hypothesis for flightlessness in penguins. Proceedings of the

National Academy of Sciences 110(23): 9380–9384. 2013
- J. A. Endler, Natural selection on color patterns in Poeci-lia reticulata. Evolution 34(1): 76–91. 1980
- Charles H. Gibbs-Smith, Hops and Flights: A roll call of early powered take-offs. Flight 75(2619). 1959
- Richard O. Prum, Development and Evolutionary Origin of Feathers. Journal of Experimental Zoology Part B: Molecular and Developmental Evolution 285(4): 291–306. 1999
- Sanjay P. Sane, The aerodynamics of insect flight. The Journal of Experimental Biology 206(23): 4191–4208. 2003
- R. Schor, S. Krimm, Studies on the Structure of Feather Keratin: II. A β-Helix Model for the Structure of Feather Keratin. Biophys. J 1(6): 489–515. 1961
- D.S. Smith, Flight muscles of insects. Scientific American 212(6): 76–88. 1965
- H. Weimerskirch, T. Guionnet, J. Martin, SA. Shaffer, DP. Costa, Fast and fuel efficient? Optimal use of wind by flying albatrosses. Proceedings B(formerly Proceedings of the Royal Society of London B) 267(1455): 1869–74. 2000

웹사이트

- 비행박물관 http://www.aviation-history.com
- 샌디에이고 동물원 https://zoo.sandiegozoo.org

교과 연계

생명과학 1

I. 생명 과학의 이해

  1. 생명 과학의 이해

    01. 생물의 특성

V. 생태계와 상호 작용

  1. 생태계의 구성과 기능

    01. 생물과 환경의 상호 작용

    02. 개체군

    03. 군집

  2. 생물 다양성과 보전

    01. 생물 다양성의 중요성

    02. 생물 다양성 보전

생명과학 2

I. 세포와 물질대사

  1. 세포의 특성

  2. 세포와 에너지

II. 유전자와 생명 공학

  3. 유전자와 형질 발현

  4. 생명 공학

III. 생물의 진화

  5. 생명의 기원과 진화

  6. 생물의 다양성과 분류

  7. 진화의 원리

찾아보기

펭귄이 날개로 날 수 있다면

초판 1쇄 발행 2019년 8월 27일
초판 3쇄 발행 2021년 3월 15일

지은이 최형선

펴낸이 김한청
기획·편집 원경은 박윤아 이건진 차언조 양희우
마케팅 최지애 설채린 권희
디자인 이성아
경영전략 최원준

펴낸곳 도서출판 다른
출판등록 2004년 9월 2일 제2013-000194호
주소 서울시 마포구 동교로27길 3-12 N빌딩 2층
전화 02-3143-6478 팩스 02-3143-6479 이메일 khc15968@hanmail.net
블로그 blog.naver.com/darun_pub 페이스북 /darunpublishers

ISBN 979-11-5633-261-9 44000
ISBN 979-11-5633-250-3 (세트)